novo sabor

Massas

CASEIRAS E RECHEADAS

MELHORAMENTOS

Dados Internacionais de Catalogação na Publicação (CIP)
(Câmara Brasileira do Livro, SP, Brasil)

Barghini, Laura Tremolada
Massas caseiras e recheadas / Laura Tremolada Barghini. -- São Paulo : Editora Melhoramentos, 2001. -- (Série Novo Sabor)

ISBN 85-06-03433-7

1. Culinária (Massas) I. Título. II. Série.

01-2807 CDD-641.822

Índices para catálogo sistemático:

1. Massas : Receitas culinárias : Economia doméstica 641.822

Capa: Nhoques de abóbora e de batata (veja receitas na página 50)

Fotografias:
Marcelo de Breyne; Denise Costa (produção de objetos); Cecilia Salomão (produção culinária)

Nossos agradecimentos à Beauty Home, Coisas de Cozinha, Espaço Til, Stella Ferraz Cerâmica

Ilustrações: Tania Regina Caparróz Barroso, Kika, Maria Teresa Silveira, Célia Kofuji

Projeto gráfico: Inc. Design Editorial
Produção editorial e editoração eletrônica: HM Design

1.ª edição, 3.ª impressão, outubro de 2005

ISBN: 85-06-03433-7

Impresso no Brasil

Atendimento ao consumidor:
Caixa Postal 11541 – CEP 05049-970
São Paulo – SP – Brasil

A autora

Nascida em Milão, na Itália, Laura Tremo-lada Barghini sempre gostou de viajar e de conhecer os usos e costumes dos lugares que visitava. O que mais a fascinava era a culinária, que, para ela, é a mais sincera expressão das tradições de um povo. Durante essas viagens e pesquisas, iniciou uma coleção de livros de culinária de diferentes países que hoje ultrapassa quatro mil volumes.

Quando, em 1973, mudou-se para São Paulo começou a colocar sua experiência nessa área a serviço de várias organizações: na Cozinha Experimental da revista *Cláudia,* com Edith Eisler, de saudosa memória; no Centro de Treinamento da Cozinha Experimental da Pereira Lopez-Sanyo, que lançou no Brasil o primeiro forno de microondas, numa época em que as pessoas ainda usavam esse eletrodoméstico quase exclusivamente para esquentar café e fazer pipoca; no Centro de Atendimento ao Consumidor da Nestlé, onde testava novos produtos e criava receitas.

Durante todos esses anos trabalhou também como free-lancer para editoras como a Melhoramentos, a Abril, a Nova Cultural, a Rio Gráfica, para as quais criou receitas, traduziu, adaptou e revisou um sem número de livros, fascículos e artigos de revistas.

Como autora, escreveu para a Editora Melhoramentos *O Grande Livro da Cozinha Italiana,* no qual oferece um amplo panorama da cozinha do seu país, procurando transmitir, além das receitas mais variadas, as tradições e usos que lhe deram origem. Ainda para a Melhoramentos, para a coleção Receitas Práticas, fez o livro *Massas & Molhos,* dedicado às massas secas, compradas prontas.

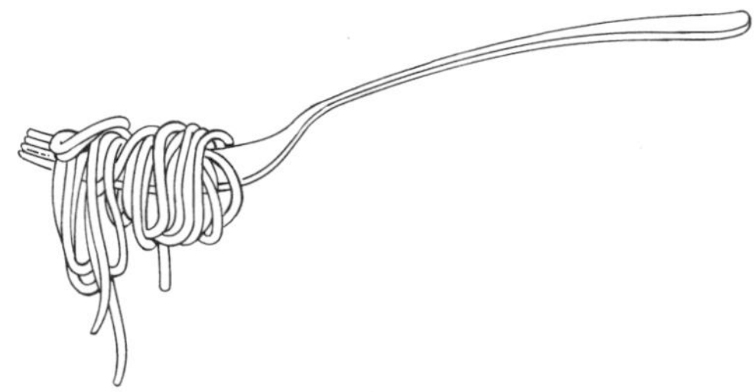

NESTE LIVRO VOCÊ ENCONTRARÁ

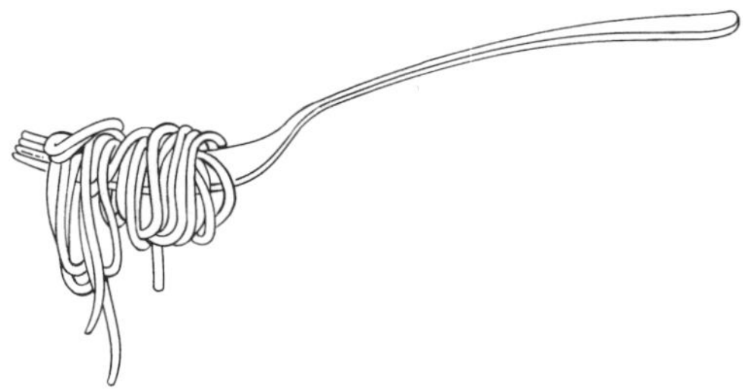

ALGUMAS PALAVRAS INICIAIS

Este é um livro muito “apetitoso”. De fato, está cheio de receitas de macarrão, o que por si só já é uma delícia, só que essas são feitas com massa fresca! Além da receita para prepará-la, traz muitas dicas para que o sucesso seja completo. Dividi o livro em seis capítulos: molhos básicos, talharim e outras massas simples, massas recheadas, massas coloridas, nhoques e massas doces.

Com a massa fresca pode-se fazer dezenas de tipos de massa, uma mais gostosa que a outra: talharim, lasanha, rondelli, ravióli, tortelloni, só para citar algumas. Naturalmente, se você não tem tempo, pode recorrer às massas frescas que se encontram no comércio, tanto nos supermercados como em casas especializadas, e usar os molhos aqui sugeridos, mas elas ficam realmente muito melhor quando preparadas em casa, especialmente as massas coloridas, que não são facilmente encontradas à venda.

Basicamente existem três espessuras para a massa fresca: uma para a massa recheada, como o ravióli, que deve ser bem fina (eu uso o último espaço entre os cilindros da máquina de abrir macarrão porque gosto que se “veja” o recheio); outra bem mais consistente, pois deve separar camadas de recheio, como a lasanha, ou manter o formato, como o canelone ou o rondelli. A terceira é a usada para talharim, pappardelle, gravatinha, etc., cuja espessura é intermediária: nem tão fina como a primeira, nem tão consistente quanto a segunda. Para esse tipo de massa a espessura ideal é de cerca de 0,5 mm (meio milímetro).

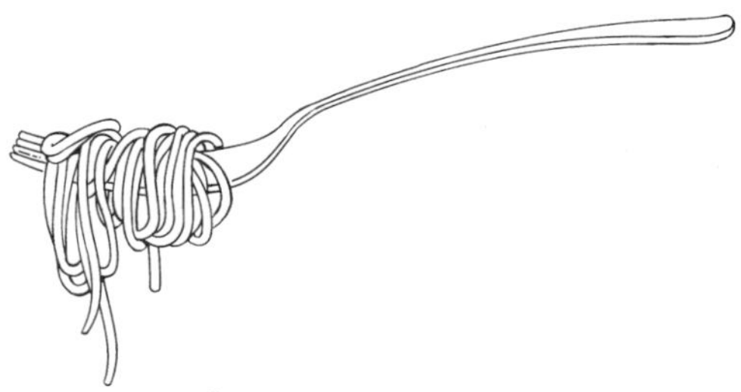

O QUE VOCÊ PRECISA SABER

A MEDIDA CERTA

Uma das coisas mais importantes de uma receita são as medidas. O ideal seria o uso de uma balança de boa qualidade, mas, na falta dessa, podemos usar jogos de medidas-padrão que, em vez do peso, medem o volume dos alimentos. Para facilitar as medições, existem jogos de medidas-padrão de dois tipos: um de xícaras e outro de colheres.

Abaixo, vou dar a capacidade volumétrica de cada peça, para termos a certeza de que estamos usando as mesmas medidas e, a seguir, o peso de vários ingredientes, caso você disponha de uma balança.

CAPACIDADE DAS MEDIDAS-PADRÃO				
1 xícara de chá	=	16 colheres de sopa	=	240 ml
1/2 xícara de chá	=	8 colheres de sopa	=	120 ml
1/3 de xícara de chá	=	3 colheres de sopa + 1 colher de chá	=	80 ml
1/4 xícara de chá	=	4 colheres de sopa	=	60 ml
1 colher de sopa	=	3 colheres de chá	=	15 ml
1/2 colher de sopa			=	7,5 ml
1 colher de chá			=	5 ml
1/2 colher de chá			=	2,5 ml
1/4 colher de chá			=	1,25 ml

Lembrete importante! As medidas devem ser sempre rasas.

COMO MEDIR OS INGREDIENTES

Ingredientes secos: encha a xícara com uma colher, sem pressionar nem bater no fundo. Passe a lâmina de uma faca sobre a superfície para retirar o excesso. **Atenção:** não execute essa operação sobre a tigela onde estão outros ingredientes!

Líquidos: fique perto da tigela que irá usar, encha a xícara até a borda, sem derramar. Se usar uma jarra graduada, coloque-a sobre uma superfície plana e verifique se está exatamente na marca.

Açúcar: para medir açúcar mascavo ou douradinho, encha a xícara pressionando-o bem. Para qualquer outro tipo de açúcar, o método de medição é o mesmo indicado para os ingredientes secos.

Gorduras sólidas: você pode usar as medidas-padrão, pressionando bem a gordura e nivelando-a com uma faca de lâmina reta. Se preferir, use uma jarra graduada: coloque 1 xícara de água na jarra e acrescente gordura bem fria aos poucos, até alcançar a marca da medida indicada na receita. Por exemplo, se a receita pedir 1/2 xícara de manteiga, coloque na jarra 1 xícara de água e manteiga suficiente para alcançar a marca de 1 1/2 xícara. Em seguida, é só escorrer a água e utilizar a gordura.

Gorduras líquidas: use as mesmas indicações fornecidas para medir líquidos.

CONSELHOS ÚTEIS

1. Sempre leia a receita por completo: não se limite aos ingredientes, pois no modo de fazer você poderá ser surpreendida por algum detalhe para o qual não estava preparada.

2. Antes de começar a cozinhar, separe e prepare todos os ingredientes e utensílios que irá usar, não só para ter certeza de que não faltará nada, mas também para não precisar, por exemplo, parar para descascar os tomates enquanto deveria estar mexendo o refogado.

PESO DOS PRINCIPAIS ALIMENTOS

1 xícara de chá de	peso em gramas
Açúcar	160
Amêndoa picada	130
Azeitona picada	140
Azeitonas médias, inteiras	150
Berinjela em cubos	80
Cebola picada	140
Cenoura picada	120
Cogumelo fatiado	110
Ervilha debulhada	150
Farinha de rosca	90
Farinha de trigo	120
Grão-de-bico, cozido e escorrido	160
Lentilha	190
Maçã, descascada e picada	120
Maionese	220
Maisena	150
Manteiga	230
Milho verde em grãos	160
Nozes picadas	120
Óleo	200
Pimentão picado	120
Purê de tomate	200
Queijo cremoso	230
Queijo parmesão ralado (sem apertar)	90
Queijo parmesão ralado no liquidificador	120
Queijo (prato, mozarela, etc.) ralado grosso	120
Repolho picado	70
Salsão picado	120
Uva passa sem sementes	140

3. Ao executar qualquer receita pela primeira vez, faça exatamente como ela indica, deixando eventuais correções para quando for repeti-la. Isso, naturalmente, não inclui temperos ou ervas dos quais você não goste ou não tenha à mão.

4. Ao preparar qualquer tipo de massa de macarrão fresca, vá guardando os retalhos num saco plástico para que não ressequem. Quando tiver terminado, junte-os e abra novamente ou passe entre os rolos da máquina de abrir macarrão, sem puxar a massa, para a tira não ficar mais estreita e elástica.

5. Se tiver a fôrma própria para fazer ravióli, não esqueça de polvilhá-la com farinha de trigo para que a massa não grude.

6. Para rechear ravióli ou capelete, use o saco de confeitar com bico liso e grande: será mais rápido e fará menos sujeira.

7. O alho é um ingrediente muito freqüente na cozinha italiana, mas se o sabor não lhe agrada muito, diminua a quantidade ou, se preferir, elimine-o.

8. O azeite de oliva também é ingrediente típico da Itália, mas pode ser substituído por qualquer tipo de óleo de sabor neutro, como o de milho, de girassol ou de canola. Nesse caso, porém, a receita perderá o aroma característico.

9. As preparações que levam algum ingrediente ácido, tal como vinagre, suco de limão ou de laranja, tomate, etc., devem ser guardadas na geladeira em recipiente que não seja de metal. Isso vale também para qualquer sobra de conserva em lata.

COMO USAR ESTE LIVRO

Porções e tempos de preparação e de cozimento não devem ser levados ao pé da letra, pois assim como há pessoas que comem mais e outras menos, assim também a chama dos fogões varia bastante. Eles servem apenas como orientação.

De modo geral, uso menos gordura do que a quantidade normalmente empregada na Itália. Se, depois de provar a receita, você sentir necessidade de uma quantidade maior de gordura, faça uma anotação para não esquecer de aumentá-la na próxima ocasião.

Os ovos usados nas receitas são sempre de tamanho médio (55 g), a não ser quando outro tamanho é especificado.

Na Itália não se usa manteiga com sal, portanto, quando refiro-me a manteiga, é sempre aquela sem sal. Certifique-se de que seja da melhor qualidade e bem fresca. Apesar de não ter colocado a opção da margarina, se for de sua preferência, use-a sem receio.

Com relação às temperaturas do forno, elas são anotadas em graus centígrados, mas, caso o seu forno não tenha termostato, aqui está uma tabelinha de equivalência:

Forno brando	100°C a 140°C
Forno moderado	145°C a 175°C
Forno quente	180°C a 200°C
Forno bem quente	acima de 200°C

O QUE VOCÊ PRECISA SABER

COMO COZINHAR O MACARRÃO

O macarrão bem feito, depois de cozido, deve ser solto, mais ou menos al dente, conforme o gosto de cada um, e bem quente. Para conseguir esse resultado há três regras fundamentais:

- a qualidade do macarrão;
- a abundância de água usada no cozimento;
- a intensidade do calor da chama.

A qualidade do macarrão é fundamental, pois é impossível fazer bons pratos com ingredientes de segunda.

A abundância de água também é muito importante, porque assim o amido que se desprende do macarrão durante o cozimento fica mais diluído, a massa flutua sem grudar, e a volta à ebulição é mais rápida já que a queda de temperatura, ao colocar a massa, é menor.

Com relação ao calor, se a chama não for suficientemente forte, não haverá uma retomada rápida da ebulição ao colocar a massa na água, o que fará com que ela grude.

Como regra geral, use 1 litro de água e 2 colheres de chá de sal para cada 100 g de macarrão e, a não ser que tenha um fogão industrial, não é aconselhável cozinhar mais de 400 a 500 g de massa de cada vez. No caso de precisar cozinhar uma quantidade maior, use duas ou mais panelas.

O sal só deve ser adicionado quando a água ferver. Espere entrar novamente em ebulição para então colocar a massa.

Não há necessidade de colocar óleo na água pois, se você mexe bem o macarrão durante o primeiro minuto, ele não gruda mais. Além disso, o óleo dificulta a absorção do molho.

Mexa de vez em quando. Não tampe a panela após ter colocado o macarrão, para que a água não transborde.

Quando se aproximar do término do cozimento, é bom ficar de olho: prove a massa com freqüência, pois o ponto certo passa rápido. Na Itália, come-se a massa al dente, isto é, cozida por fora, mas ainda consistente por dentro. Dizem que, assim, ela é mais digerível que a massa muito cozida.

Fettuccine à moda do Papa
(veja receita na página 25)

PEQUENO DICIONÁRIO DE MASSAS FRESCAS

É impossível dar um nome exato a cada corte de massa. Devido à história e às tradições da Itália, é comum encontrar o mesmo nome para cortes ou preparações diferentes, assim como um mesmo corte ou preparação com nomes diferentes. Também aqui no Brasil, dependendo da região de origem dos imigrantes, foram dados nomes contraditórios. Além disso, com a abertura de mercado, que tem permitido a venda de massas importadas da Itália, difundem-se assim os nomes originais. Nesse contexto, é difícil enumerar cada um dos tipos de massa de forma definitiva. Mas, como orientação geral, indico aqui os principais cortes de massa fresca, dando-lhes a denominação mais comum.

Cannelloni (canelone): a massa é cortada em retângulos de 8 cm x 10 cm. Cozinhe 3 ou 4 de cada vez, em água salgada com um pouco de óleo, por 2 a 3 min. Escorra, passe em água fria para interromper o cozimento e coloque sobre um pano úmido. Cubra com o recheio escolhido, enrole e arrume numa fôrma refratária, com a dobra virada para baixo. Regue com o molho e leve ao forno.

Cappelletti (capelete): massa recheada com carne ou frango. São preparados com quadrados de massa que, recheados e dobrados em triângulo, são enrolados no dedo unindo-se as pontas, formando uma espécie de chapeuzinho. Agnolini (anholini) é outro nome dos capelete.

Farfalle (gravatinhas): corte a massa em retângulos de 2 cm x 4 cm e aperte-os no centro, formando gravatinhas. Se desejar cozinhá-las no caldo, corte-as menores, em retângulos de 1 cm x 2 cm. Para facilitar, corte primeiro a massa em tiras e, em seguida, transversalmente.

Fettuccine (fetucine): abra a massa (entre 0,5 e 1 mm) e polvilhe-a dos dois lados com farinha de trigo, espalhando-a com a mão. Espere secar até ficar com consistência de "couro". Enrole a massa sem apertar e corte-a em tiras de 1 cm; desenrole e deixe secar sobre um pano polvilhado com farinha. Salpique mais farinha e levante delicadamente as tiras para que fiquem bem soltas. De preferência, é servido com molho ou gratinado.

Lasagne (lasanha): prepare como canelone, cortando porém em retângulos de 8 cm x 15 cm. Depois de escorridos sobre o pano, arrume os retângulos em assadeira untada, em camadas, intercalando com o recheio e o molho escolhidos.

Maccheroni alla chitarra (espaguete fresco): use a máquina de fazer macarrão com o cilindro de cortar mais estreito. Abra a massa com 2 mm de espessura e passe-a no cilindro: você terá uma espécie de espaguete quadrado. O molho clássico que o acompanha é o de

Palha e feno
(veja receita na página 24)

cordeiro, mas um molho grosso de tomate com soffritto (*) também fica ótimo.

Maltagliati (mal-cortados): a massa é enrolada e cortada em viés, de modo que um lado fique com 1 cm de largura e o outro termine em nada. Trabalhando dessa forma, você obterá losangos compridos. Podem ser servidos com molho, mas seu uso mais freqüente é em sopas.

Orecchiette (orelhinhas): depois de modelada em rolinhos, estes são recortados em fatias finas e trabalhados com uma faca, recebendo assim seu formato característico, que lembra uma pequena orelha ou um chapéu.

Pappardelle: a massa é trabalhada como explicado para o fettuccine, mas cortada com a carretilha na largura de 2 cm, sem enrolar. Tradicionalmente, é servida com molho de lebre, coelho ou javali.

Ravioli (raviólі): massa recheada, cortada em quadrados de 3 a 4 cm de lado ou, às vezes, com um lado arredondado (conhecidos como marubini). Tradicionalmente, o recheio é de carne. São usados com molho ou em sopas. Podem também ser recortados em quadrados menores, de 2 cm. Nesse caso, chamam-se ravioini e são servidos apenas em sopas.

Rotolo (rondelli): abra a massa em um retângulo de 30 cm x 40 cm e com 1 mm de espessura. Cubra com recheio, enrole e embrulhe em um pano, amarrando-o nas extremidades e em mais dois pontos para segurá-lo bem. Cozinhe em água salgada e escorra. Depois de frio, corte em rodelas de 1 cm; arrume numa assadeira, cubra com manteiga ou molho e leve ao forno. Aqui no Brasil, é comum o rondelli recheado com queijo e presunto.

Tagliatelle (talharim) ou fettucce: como o fettuccine, mas corte as tiras com 5 a 6 mm de largura. Se tiver máquina de macarrão, depois de passar a massa nos cilindros de abrir, deixe-a secar um pouco antes de passá-la através do cilindro de cortar mais largo.

Tagliolini (talholini) ou taglierini ou tagliatelline: como o tagliatelle, mas cortando tiras com 2 a 3 mm de largura. É servido no caldo ou com molho.

Tortellini: têm o mesmo formato dos capeletes, só que a massa é cortada em discos de 5 cm que, ao ser dobrada sobre o recheio, fica com beiradas mais salientes. Podem também ser cortados como os raviólis, quadrados. Dependendo da região, são chamados de agnolini.

Tortelloni: massa recheada cortada em quadrados, como o ravióli, porém maior, ou dobrada em triângulo e fechada como o capelete, mas bem maior que este. Todavia, pode ter ainda outros formatos (meias-lua ou retângulo) ou ser feita com espinafre (massa verde) e o recheio, que normalmente é de ricota, às vezes é feito à base de peixe. São também chamados de ravioloni ou agnolotti.

---

*(*)**Soffritto:** legumes e ervas refogados em azeite de oliva ou óleo. Uma mistura clássica é composta por partes iguais de cenoura, cebola e salsão bem picados, além de alho, salsa, manjericão, tomilho e manjerona.*

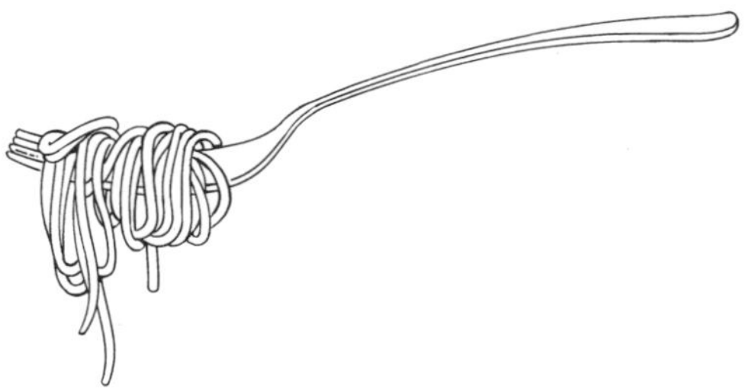

OS MOLHOS

Molhos básicos

Estão aqui reunidos os molhos que entram mais de uma vez, para evitar repetição nas receitas.

Às vezes são de preparo um pouco demorado, portanto é aconselhável fazê-los em maior quantidade e congelar o excedente em porções adequadas ao uso da sua família. Com exceção do Molho branco e da Maionese de liquidificador, todos eles podem ser congelados por até 6 meses, menos o Ragu à bolonhesa que dura só 3. O Molho branco pode ser congelado quando entra como recheio (como na lasanha, por exemplo) ou em pratos gratinados.

Molho branco

Ingredientes para 2 xícaras:

- 1/4 de xícara de chá de manteiga
- 1/4 de xícara de chá de farinha de trigo
- 2 xícaras de chá de leite quente
- sal a gosto

Tempo de preparação: 15 min

Modo de fazer: Numa panela média, derreta a manteiga em fogo moderado. Junte a farinha de trigo e, mexendo sem parar, deixe dourar ligeiramente. Tire a panela do fogo e adicione o leite quente aos poucos, mexendo sempre, para não formar grumos. Tempere com sal a gosto e retorne a panela ao fogo médio. Mexa sem parar, até levantar fervura. Deixe cozinhar por uns 10 min, mexendo de vez em quando, até engrossar.

Observação: Essa é uma receita simplificada, mas é a mais difundida para uso doméstico e dá um molho de consistência média. Se o desejar mais ralo, use 2 colheres de sopa de manteiga e 2 de farinha de trigo. Se o desejar mais grosso, use 6 colheres de sopa de manteiga e 1/2 xícara de chá de farinha de trigo. Não altere a quantidade de leite.

Sugestão: Se gostar, adicione uma pitada de pimenta-do-reino branca e uma de noz-moscada ralada.

Molho de tomate apurado

Ingredientes para 4 pessoas:

- 1/2 kg de tomate bem maduro
- 1/2 talo de salsão
- 1 cenoura pequena
- 1 cebola pequena
- 1 dente de alho
- 1 galhinho de manjericão
- sal e pimenta-do-reino a gosto
- 2 colheres de sopa de manteiga

Tempo de preparação: 50 min

Modo de fazer: Retire a pele e as sementes dos tomates e corte em pedaços. Lave, descasque e corte em pedaços o salsão, a cenoura, a cebola e o alho. Coloque tudo numa panela média, acrescente o manjericão, sal e pimenta-do-reino a gosto e leve ao fogo forte até levantar fervura. Tampe parcialmente e cozinhe por 40 min, em fogo baixo, ou até os legumes ficarem macios. Espere amornar, bata no liquidificador e passe por uma peneira. Leve de volta à panela e, se necessário, apure em fogo moderado, até obter um molho cremoso. Prove o tempero e adicione a manteiga, mexendo bem para derretê-la. Não deixe ferver. Sirva sobre macarrão, polvilhado com queijo parmesão ralado.

Sugestão: Se quiser ter sempre à mão esse molho prático e saboroso, dobre a receita e congele o que não for usar de imediato. Conserva-se por até 4 meses.

Molho de tomate rápido

Ingredientes para 4 pessoas:

- 1/2 kg de tomate bem maduro, porém firme
- 2 colheres de sopa de azeite de oliva
- 1 ou 2 dentes de alho cortados em fatias
- folhas de manjericão
- sal e pimenta-do-reino a gosto

Tempo de preparação: 30 min

Modo de fazer: Escalde os tomates em água fervente por alguns segundos. Escorra e coloque em água fria para esfriar. Escorra novamente e tire a pele. Parta-os ao meio, elimine as sementes e corte-os em tiras. Reserve. Em uma frigideira média, coloque o azeite para aquecer, juntamente com o alho e algumas folhas de manjericão. Quando o alho começar a dourar, adicione o tomate e cozinhe mexendo, em fogo médio-forte, até o tomate começar a desmanchar e o molho ficar grosso. Tempere com sal e pimenta-do-reino a gosto. Sirva quente sobre macarrão ou empregue conforme receita.

Observação: Sobre este molho não se coloca queijo parmesão.

Sugestão: Se preferir, use tomate pelado em lata. Escorra e elimine as sementes. Pique grosseiramente e use conforme indicado acima.

Ragu à bolonhesa

Ingredientes para 4 pessoas:
- 50 g de pancetta, cortada em fatias finas
- 1 cebola pequena
- 1 cenoura pequena
- 1/2 talo de salsão
- 1 colher de sopa de manteiga
- 100 g de carne de porco moída
- 200 g de carne de boi moída
- 1/4 de xícara de chá de vinho tinto seco
- 3 colheres de sopa de extrato de tomate
- 1 1/2 a 2 xícaras de chá de caldo de carne
- sal e pimenta-do-reino a gosto
- 1 xícara de chá de leite

Tempo de preparação: cerca de 2 h

Modo de fazer: Pique a pancetta mais ou menos fino. Descasque a cebola e a cenoura e limpe o salsão: pique tudo bem fininho. Em uma panela média, coloque a pancetta com a manteiga e frite em fogo moderado até começar a ficar transparente. Junte os legumes picados e as carnes moídas e deixe em fogo forte, mexendo sem parar, até a carne perder a cor rosada. Acrescente o vinho tinto e, sempre mexendo, deixe até quase evaporar. Junte o extrato de tomate, o caldo de carne, sal e pimenta-do-reino a gosto. Após levantar fervura, diminua o fogo para o mínimo. Deixe cozinhar, tampado, por cerca de 1 h ou até a carne ficar macia e o molho bem apurado. Se for necessário, adicione mais caldo durante o cozimento. Junte o leite e cozinhe, sempre em fogo baixo, tampado, por mais uns 30 min ou até o molho ficar encorpado. Sirva sobre macarrão, polvilhado com queijo parmesão ralado ou use conforme indicado na receita.

Sugestão: Se estiver com pressa, use a panela de pressão. Neste caso, diminua o caldo para 1 xícara e cozinhe por 30 min. Adicione 3/4 de xícara de leite e cozinhe na pressão por mais 15 min.

Observação: Pancetta é a barriga de porco salgada e aromatizada com ervas, curada de 1 a 3 meses. Encontra-se à venda enrolada e costuma ser cortada em fatias finas. Se não encontrar, substitua por toicinho salgado, magro, ou por 1 colher de sopa de óleo.

Maionese de liquidificador

Ingredientes para 2 xícaras:
- 2 ovos
- 2 colheres de sopa de vinagre de vinho branco ou de suco de limão
- sal a gosto
- 1 colher de chá de mostarda (opcional)
- cerca de 2 xícaras de chá de óleo

Tempo de preparação: 10 min

Modo de fazer: Coloque no copo do liquidificador os ovos, o vinagre ou o suco de limão e sal a gosto e ligue-o na velocidade máxima. Bata por 2 ou 3 seg. Adicione então a mostarda (se for usá-la) e o óleo em fio, com o aparelho ligado, através daquela tampinha que se encontra no centro da tampa. Prove o tempero e, se necessário, corrija-o. Utilize a seguir ou guarde na geladeira, em vidro bem tampado, por um dia, no máximo.

Observação: Lave bem os ovos antes de quebrá-los, pois é sobre a casca que se aloja a bactéria salmonela, que pode provocar graves intoxicações. Esta precaução é importantíssima, principalmente quando for usar ovos crus.

Pesto à moda de Génoa

Ingredientes para 4 pessoas:

- 1 xícara de chá de folhas de manjericão (aperte-as um pouco)
- 1/3 de xícara de chá de azeite de oliva ou óleo
- sal a gosto
- 1 dente de alho
- 2 colheres de sopa de pinoli ou castanha de caju crua
- 4 colheres de sopa de queijo parmesão ralado
- azeite de oliva ou óleo para cobrir

Tempo de preparação: cerca de 5 min

Modo de fazer: Lave o manjericão e enxugue em um pano de prato limpo. Coloque o azeite, sal a gosto e o alho no liqüidificador e bata por 10 a 15 seg. Acrescente o manjericão e volte a bater somente até ficar verde-claro (cerca de 1 min). Junte os pinoli e o parmesão e continue batendo por mais alguns segundos, até os pinoli ficarem ligeiramente triturados. Despeje imediatamente numa tigela de louça e cubra com azeite, pois esse molho oxida rapidamente, ficando escuro.

Observações: 1) As folhas de manjericão devem ser batidas somente pelo tempo estritamente necessário, caso contrário o molho ficará escuro. 2) Para conservar esse molho na geladeira, é importante que as folhas estejam bem secas, antes de serem batidas no liquidificador. Guarde-o em um vidro bem fechado, tomando cuidado para que esteja sempre coberto por azeite. 3) Pinoli são sementes de um pinheiro típico da área do mar Mediterrâneo. Depois de descascados, apresentam cor creme, formato roliço e cerca de 1 cm de comprimento. No Brasil é conhecido como snubar, pinhãozinho sírio ou pinhão-do-líbano.

Sugestão: Experimente o Pesto vermelho. Substitua o manjericão por 8 tomates secos (deixados de molho por 10 min e bem escorridos) e aumente o azeite para 1/2 xícara. Os ingredientes restantes permanecem iguais.

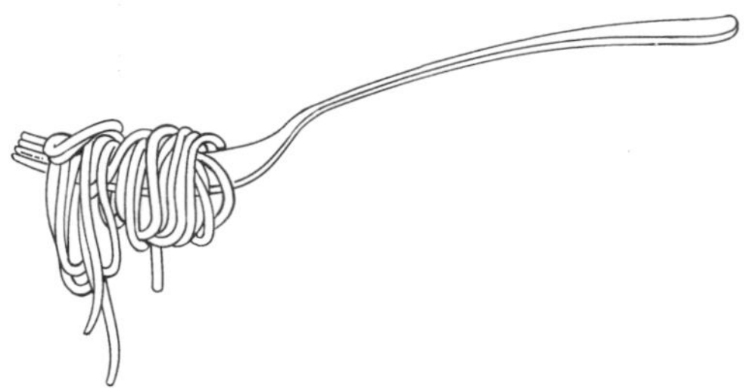

TALHARIM & CIA.

Massa fresca

Aqui está a receita para você preparar a sua massa fresca em casa. Não se assuste: a receita é um pouco extensa, não porque seja difícil ou complicada, mas para esclarecer bem todos os detalhes. A quantidade de farinha de trigo é aproximada, pois os ovos não têm tamanho padrão e a capacidade de absorção da farinha nem sempre é a mesma. A farinha necessária para polvilhar não está incluída. Para os vários tipos de corte, veja "Pequeno dicionário de massas frescas" a partir da página 11. Para fazer massas coloridas, veja receitas a partir da página 43.

Ingredientes para cerca de 1/2 kg de massa fresca:

- 3 1/3 xícaras de chá de farinha de trigo
- 4 ovos grandes
- 1/2 colher de chá de sal

Tempo de preparação: 30 min mais o tempo de descanso

Modo de fazer: Coloque a farinha de trigo sobre uma superfície lisa e faça uma cova no centro. Quebre os ovos, um de cada vez, dentro de uma tigelinha (para verificar se não estão estragados) e vá colocando-os dentro da cova. Adicione o sal e amasse com a ponta dos dedos, pegando farinha da parte interna da cova e juntando-a à mistura. Continue até ter incorporado quase toda a farinha. Amasse empurrando a massa com o punho, abaixando-a com a palma da mão e recolhendo-a de volta com os dedos. Repita essa operação até a massa ficar lisa e elástica e ter absorvido toda a farinha: se achar necessário, adicione mais um pouco. Forme uma bola com a massa, coloque-a sobre a superfície de trabalho polvilhada com farinha e cubra-a com uma tigela. Deixe descansar por 20 a 30 min. Se tiver máquina de abrir macarrão, corte a massa em 4 partes iguais. Passe uma parte na farinha de trigo e, depois, entre os cilindros da máquina mantidos com a abertura máxima. Enfarinhe ligeiramente dos dois lados a tira obtida e deixe-a sobre um pano limpo. Repita o processo com os outros pedaços de massa. Diminua o espaço entre os cilindros e passe novamente as 4 tiras. Vá diminuindo gradativamente o espaço e repassando as tiras até ficarem na espessura desejada. Esfregue as tiras de massa com mais farinha, conforme achar necessário, porém somente durante as primeiras passadas. Se as tiras ficarem muito compridas, corte-as em pedaços menores. Para abrir a massa a mão, divida-a em 2 pedaços, e abra um de cada vez, mantendo o outro debaixo da tigela. Sobre a superfície enfarinhada, abra a massa com o rolo, empurrando-a em todas as direções, sempre partindo do centro para fora. Continue até a massa ficar na espessura desejada.

Observações: Essa receita é ideal para massas simples. Se quiser preparar uma massa recheada, como lasanha ou capelete, diminua a quantidade de ovos, substituindo-os por água. No caso de massa recheada fechada, tais como ravióli ou capelete, deixe a massa um pouco mais úmida ou adicione 1 colher de sopa de óleo para facilitar o trabalho.

Talharim com fondue

Ingredientes para 4 pessoas:

- 150 g de queijo estepe
- 150 g de queijo tipo suíço
- leite
- 1 pitada de sal
- 3 colheres de sopa de manteiga
- 1 dente de alho
- 3 gemas
- pimenta-do-reino branca a gosto
- 2 colheres de sopa de vinho branco seco
- 400 g de talharim (veja a receita de Massa fresca na página 17)

Tempo de preparação: 20 min mais o tempo de descanso

Modo de fazer: Rale no ralo grosso os dois tipos de queijo e coloque-os em uma tigela. Cubra-os com leite frio e deixe de molho por 2 h. Passado esse tempo, leve ao fogo forte uma panela grande com 4 litros de água e o sal. Enquanto espera a água ferver, leve ao fogo baixo uma panela média com a manteiga e o dente de alho. Deixe que fique ligeiramente dourado e elimine-o. Escorra os queijos e coloque-os na panela com 2 colheres de sopa do leite em que ficaram de molho e vá mexendo com um batedor de arame, lentamente e sempre no mesmo sentido, até os queijos derreterem completamente. Adicione as gemas, uma de cada vez, batendo sempre no mesmo sentido, mas com um pouco mais de força. Junte pimenta-do-reino branca, de preferência moída na hora, e o vinho branco: você deverá obter um molho cremoso, que não faça fios. Quando o molho estiver pronto, coloque o talharim para cozinhar na água fervente por cerca de 5 min, até que fique al dente. Escorra-o e misture com o fondue. Sirva imediatamente.

Pudinzinhos de talholini
(veja receita na página 26)

Talharim à bolonhesa

Ingredientes para 4 pessoas:
- 1 receita de talharim (veja a receita de Massa fresca na página17)
- sal a gosto
- 1 receita de Ragu à bolonhesa (veja receita na página 15)
- 3 colheres de sopa de manteiga
- 1/2 xícara de chá de queijo parmesão ralado

Tempo de preparação: 20 min

Modo de fazer: Leve ao fogo uma panela grande com bastante água, tampe e, quando abrir fervura, coloque sal a gosto. Espere que volte a ferver forte antes de pôr o talharim. Mexa bem no começo e, depois, de vez em quando. Não tampe mais a panela depois de ter colocado a massa, para a água não transbordar. Enquanto o talharim cozinha, leve o Ragu à bolonhesa ao fogo baixo, para aquecer bem. Cozinhe o macarrão de 4 a 6 min, até que fique al dente, e escorra. Tempere-o com a manteiga e coloque numa travessa funda, preaquecida. Despeje o molho por cima e, sobre este, polvilhe o queijo parmesão ralado. Sirva imediatamente.

Orelhinhas com rúcula
(veja receita na página 32)

Talharim de gala

Ingredientes para 4 pessoas:
- 2 berinjelas médias
- sal a gosto
- óleo para fritar
- 1 receita de talharim (veja a receita de Massa fresca na página 17)
- 100 g de manteiga
- 1/2 xícara de chá de queijo parmesão ralado
- 1/2 receita de Molho de tomate apurado (veja receita na página 14)
- folhinhas de manjericão fresco para decorar

Tempo de preparação: 40 min mais o tempo de descanso

Modo de fazer: Corte as berinjelas, sem descascar, em fatias de 0,5 cm de espessura. Escolha as 12 fatias mais bonitas e de tamanho uniforme. Polvilhe com um pouco de sal, coloque um peso por cima e deixe escorrer por uns 30 min. Enxágüe as fatias de berinjela, aperte entre as mãos para eliminar o excesso de água e enxugue em um pano de prato limpo. Leve ao fogo forte uma panela grande com bastante água. Enquanto espera a água ferver, frite as fatias de berinjela numa frigideira com óleo quente, em fogo moderado, até dourarem dos dois lados. Escorra sobre papel absorvente. Quando a água levantar fervura, junte 1 pitada de sal e espere voltar a ferver antes de pôr o talharim para cozinhar. Mexa bem durante os primeiros 30 a 40 seg, depois deixe cozinhar por 4 a 5 min, ou até ficar al dente. Escorra o macarrão e tempere-o com a manteiga e o queijo parmesão. Numa fôrma refratária grande, arrume 12 "meadas" de talharim, passando em volta delas uma fatia de berinjela (como se fosse um porta-guardanapo). Coloque no centro de cada fatia de berinjela um pouco de Molho de tomate apurado e leve ao forno por 5 min, somente para aquecer bem. Arrume 1 ou 2 folhinhas de manjericão sobre o molho, em cada "meada", e sirva imediatamente, com o molho restante à parte, numa molheira.

Talharim com camarão

Ingredientes para 4 pessoas:

- 1/2 kg de camarão médio
- suco de 1/2 limão
- sal e molho de pimenta a gosto
- 2 dentes de alho ligeiramente amassados
- 2 colheres de sopa de azeite de oliva
- 1/4 de xícara de chá de vodca
- 1 receita de talharim verde (veja a receita de Massa fresca na página 17)
- 1/2 xícara de chá de creme de leite
- 1 colher de sopa de cebolinha francesa picada

Tempo de preparação: cerca de 30 min

Modo de fazer: Elimine a casca e as tripas dos camarões, lave bem, escorra e tempere com o suco de limão, sal e molho de pimenta. Deixe tomar gosto por 5 min. Leve ao fogo forte uma panela grande com bastante água. Numa frigideira grande, que possa conter a massa depois de cozida, doure ligeiramente o alho no azeite, elimine-o e adicione o camarão escorrido. Refogue rapidamente em fogo forte, até que fique rosado. Junte a vodca, flambe e deixe que evapore em fogo médio-forte, mexendo algumas vezes. Quando a água levantar fervura, junte 1 pitada de sal e espere voltar a ferver antes de pôr o talharim para cozinhar até que fique al dente. Escorra bem o macarrão, despeje-o na frigideira e acrescente o creme de leite. Continue em fogo moderado, misturando a massa e o camarão com dois garfos, como se estivesse mexendo uma salada. Não deixe secar. Transfira para pratos fundos preaquecidos e decore com a cebolinha picada. Sirva imediatamente.

Talharim caprese

Ingredientes para 4 pessoas:

- 4 colheres de sopa de azeite de oliva
- 2 dentes de alho ligeiramente amassados
- 1 galhinho de manjericão
- 200 g de tomate-cereja, cortado ao meio
- 1/4 de xícara de chá de azeitona preta, sem caroço, cortada em rodelas
- sal e pimenta-do-reino a gosto
- 1 receita de talharim (veja a receita de Massa fresca na página 17)

- 1/2 colher de sopa de manjericão picado
- 1 pitada de orégano (opcional)
- 200 g de mozarela de búfala, bem escorrida, cortada em cubos

Tempo de preparação: cerca de 30 min

Modo de fazer: Leve ao fogo forte uma panela grande com bastante água. Enquanto espera a água ferver, prepare o molho: aqueça ligeiramente o azeite numa frigideira grande o suficiente para conter a massa depois de cozida. Junte o alho e o galhinho de manjericão e deixe dourar; elimine-os. Aumente o fogo para o máximo e jogue na frigideira o tomate-cereja. Refogue, mexendo, por uns 2 min, junte a azeitona e tire do fogo. Quando a água da panela levantar fervura, junte sal a gosto e espere ferver fortemente de novo antes de pôr o talharim. Mexa bem no começo e, depois, de vez em quando. Cozinhe a massa durante 2 a 3 min, até ficar al dente. Escorra-a e despeje na frigideira. Volte a frigideira ao fogo médio, tempere com sal e pimenta-do-reino a gosto e aqueça bem, mexendo com dois garfos. Junte o manjericão picado, a pitada de orégano (se for usá-lo) e os cubos de mozarela. Mexa até o queijo amolecer um pouco. Despeje em pratos fundos, preaquecidos, e sirva imediatamente.

Talharim com manteiga e parmesão

Ingredientes para 4 pessoas:
- 350 g de talharim (veja a receita de Massa fresca na página 17)
- sal a gosto
- 1/3 de xícara de chá de manteiga em temperatura ambiente
- 1/3 de xícara de chá de queijo parmesão ralado

Tempo de preparação: 20 min

Modo de fazer: Cozinhe o macarrão em água fervente com sal por cerca de 5 min, ou até ficar al dente. Escorra-o e despeje de volta na panela onde foi cozido, que estará ainda quente. Tempere-o imediatamente com a manteiga e metade do queijo parmesão, mexendo bem. Coloque nos pratos de servir aquecidos e polvilhe por cima o restante do parmesão ralado. Sirva a seguir.

Observações: 1) Esta massa serve para acompanhar qualquer tipo de prato feito com carne, peixe ou ave, assada, grelhada ou refogada, com ou sem molho. 2) O fato de voltar o macarrão à panela onde foi cozido evita que esfrie rapidamente.

Palha e feno

Ingredientes para 4 pessoas:

- 2 colheres de sopa de manteiga
- 1 cebola pequena, cortada em fatias transparentes
- 100 g de presunto cozido em fatias, recortadas em tirinhas de 3 cm x 1 cm
- 1 xícara de chá de ervilha, fresca ou congelada
- sal e pimenta-do-reino a gosto
- 1 receita de talharim (veja a receita de Massa fresca na página 17), metade branco e metade verde
- 1/2 xícara de chá de creme de leite
- 1/2 xícara de chá de leite
- 1/2 xícara de chá de queijo parmesão ralado

Tempo de preparação: cerca de 35 min

Modo de fazer: Em uma frigideira grande, derreta a manteiga e refogue a cebola em fogo baixo, mexendo até murchar. Adicione as tirinhas de presunto e deixe no fogo por mais 1 min, para corar ligeiramente. Junte a ervilha e 1/2 xícara de chá de água; tempere com sal e pimenta-do-reino a gosto e cozinhe por uns 15 min, ou até a ervilha ficar macia, mexendo de vez em quando. Enquanto isso, leve ao fogo forte uma panela grande com bastante água. Junte o sal e, quando voltar a ferver forte, coloque o talharim. Mexa bem durante os primeiros 30 seg, depois deixe cozinhar por 3 a 4 min, até ficar al dente, mexendo ocasionalmente. Escorra bem o talharim e despeje-o na frigideira. Junte o creme de leite, o leite e 2 colheres de sopa de queijo parmesão. Deixe em fogo médio por 1 a 2 min, mexendo sempre, até absorver parcialmente o creme. Não deixe ressecar. Coloque numa tigela preaquecida e leve imediatamente à mesa, servindo o restante do parmesão à parte.

Observações: 1) O nome desta receita vem do contraste de cores entre o talharim verde (feno) e o comum (palha). Todavia, nada impede que você use só um tipo de talharim. 2) Depois de ter colocado a ervilha para cozinhar, leve a água do macarrão ao fogo, assim, quando a ervilha estiver pronta, o talharim também estará cozido. Pode-se também preparar a ervilha com antecedência e reaquecer quando a massa estiver quase no ponto. Se desejar, substitua a ervilha fresca pela congelada, mas não use a de lata. 3) Depois de adicionar o creme de leite e o leite, tome cuidado para que o molho não resseque, mas fique cremoso. Caso haja necessidade, acrescente 2 ou 3 colheradas da água de cozimento do macarrão.

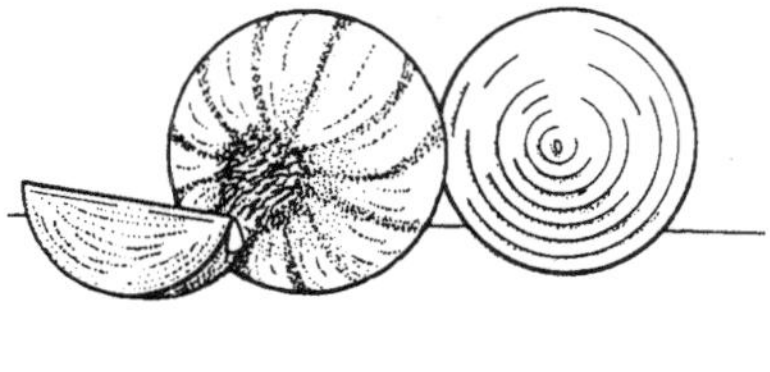

Talharim ao creme de leite

Ingredientes para 4 pessoas:

- 350 g de talharim (veja a receita de Massa fresca na página 17)
- sal a gosto
- 1 xícara de chá de creme de leite
- 1/3 de xícara de chá de queijo parmesão ralado

Tempo de preparação: 30 min

Modo de fazer: Leve ao fogo forte uma panela grande com bastante água. Quando abrir fervura, salgue a gosto e espere a água ferver forte novamente antes de colocar a massa. Mexa bem durante os primeiros segundos e, depois, somente de vez em quando. Cozinhe o talharim por cerca de 4 min, até ficar al dente, escorra-o e despeje de volta na panela onde foi cozido. Adicione o creme de leite e mantenha em fogo baixo, mexendo, até que o creme tenha sido parcialmente absorvido e o molho esteja ainda ligeiramente líquido. Tire do fogo e acrescente o queijo parmesão, voltando a misturar bem. Coloque em pratos fundos aquecidos e sirva imediatamente.

Observação: Calcule bem o momento de tirar o talharim do fogo, pois a adição do parmesão deixará o molho um pouco mais seco.

Fettuccine à moda do Papa

Ingredientes para 4 pessoas:

- 4 colheres de sopa de manteiga
- 1 colher de sopa de cebola ralada
- 100 g de presunto cru, cortado em tirinhas
- 3 ovos
- 1/2 xícara de chá de creme de leite
- 3/4 de xícara de chá de queijo parmesão ralado
- sal a gosto
- 1 receita de fettuccine (veja a receita de Massa caseira na página 17)
- pimenta-do-reino moída na hora

Tempo de preparação: 30 min

Modo de fazer: Leve ao fogo uma panela grande com bastante água. Numa frigideira grande, derreta a manteiga e refogue a cebola em fogo baixo até murchar. Junte as tirinhas de presunto e deixe no fogo somente até mudarem de cor. Retire do fogo e reserve. Misture os ovos com o creme de leite e 3 colheres de sopa de queijo parmesão. Bata-os ligeiramente e reserve. Tão logo a água ferver, adicione sal; quando a ebulição voltar firme, despeje a massa na água e misture bem durante os primeiros 30 a 40 seg. Cozinhe até que fique al dente e escorra. Despeje o fettuccine na frigideira com o presunto e jogue por cima a mistura de ovo, mexendo imediatamente com dois garfos, como se estivesse mexendo salada. Assim que o molho começar a engrossar, despeje a massa numa tigela preaquecida, polvilhe por cima a pimenta-do-reino e leve imediatamente à mesa. Sirva à parte o queijo parmesão restante.

Fettuccine com funghi secchi

Ingredientes para 4 pessoas:

- 1 pacotinho (10 g) de funghi secchi
- 300 g de cogumelo fresco
- 6 colheres de sopa de manteiga
- 1/2 colher de chá de alecrim picado
- 1 dente de alho ligeiramente amassado
- 2 xícaras de chá de polpa de tomate grossa
- sal e pimenta-do-reino a gosto
- 1 receita de fettuccine (veja a receita de Massa fresca na página 17)

Tempo de preparação: 35 a 40 min

Modo de fazer: Lave rapidamente os funghi secchi e coloque-os de molho em um copo com água suficiente para cobri-los. Limpe os cogumelos frescos e corte-os em fatias finas. Reserve. Leve ao fogo uma panela grande com bastante água. Passe os dedos nos funghi para sentir se há terra e, se houver, lave sob água corrente. Numa frigideira média, derreta a manteiga, junte o alecrim e o alho inteiro e deixe dourar ligeiramente. Adicione o cogumelo fresco fatiado, aumente o fogo para o máximo e refogue-o rapidamente, sacudindo a frigideira de vez em quando. Acrescente o funghi escorrido e a polpa de tomate. Tempere com sal e pimenta-do-reino e continue o cozimento em fogo forte por mais 10 a 15 min, mexendo de vez em quando, até o molho encorpar. Quando o molho estiver quase pronto, coloque sal na água da panela e, quando a ebulição voltar firme, junte a massa e mexa bem. Cozinhe por 4 a 5 min, até ficar al dente. Escorra-a bem e tempere com o molho. Transfira para uma travessa funda e leve imediatamente à mesa. Este molho não leva queijo.

Observação: Para dar o verdadeiro sabor de funghi, use somente funghi secchi *(Boletus edulis)*, importado da Itália, conhecido também como funghi porcini.

Pudinzinhos de talholini

Ingredientes para 4 pessoas:

- 1 tablete de caldo de galinha
- 150 g de talholini (veja receita de Massa fresca na página 17), picado
- 1 xícara de chá de queijo parmesão ralado
- 100 g de presunto cozido picado fino
- 1 cenoura média, ralada no ralo grosso
- 2 colheres de sopa de cheiro-verde picado
- 2 colheres de sopa de azeitona verde picada

- 4 ovos ligeiramente batidos
- 1/2 xícara de chá de leite ou de creme de leite
- manteiga para untar

Tempo de preparação: cerca de 1 h

Modo de fazer: Leve ao fogo 1/2 litro de água com o tablete de caldo. Quando ferver, junte o macarrão picado e cozinhe por 1 min. Retire do fogo e deixe amornar no próprio caldo. Numa tigela, misture o queijo ralado, o presunto, a cenoura, o cheiro-verde, a azeitona picada, os ovos e o leite. Acrescente essa mistura ao caldo com o macarrão e mexa bem. Divida entre 6 forminhas refratárias individuais, ligeiramente untadas, coloque em banho-maria e leve ao forno preaquecido em temperatura média (180°C). Asse por cerca de 45 min ou até que, ao enfiar uma faca no centro dos pudinzinhos, esta saia limpa. Retire do forno e deixe esfriar. Sirva em temperatura ambiente.

Observação: Estes pudinzinhos podem ser servidos tanto como entrada quanto como acompanhamento. E, já que devem ser degustados em temperatura ambiente, oferecem a vantagem de poder prepará-los com antecedência.

Pappardelle com coelho

Ingredientes para 4 pessoas:

- 2 colheres de sopa de azeite de oliva
- 4 colheres de sopa de manteiga
- 50 g de pancetta picada fino
- lombo (700 g) de 1 coelho, desossado e cortado em pedaços pequenos
- 1 cenoura pequena picada fino
- 1/2 talo de salsão picado fino
- 1 cebola pequena picada fino
- 1 folha de louro
- 1/2 colher de chá de pimenta-da-jamaica em pó
- noz-moscada ralada a gosto
- 1 colher de sopa de farinha de trigo
- 1/2 xícara de chá de vinho tinto seco
- 3 colheres de sopa de extrato de tomate
- 1 xícara de chá de caldo de carne
- sal e pimenta-do-reino a gosto
- 1 receita de pappardelle (veja a receita de Massa fresca na página 17)
- 1/2 xícara de chá de queijo parmesão ralado

Tempo de preparação: 40 min

Modo de fazer: Numa panela média, coloque o azeite, metade da manteiga, a pancetta e o coelho e deixe dourar ligeiramente em fogo médio, mexendo freqüentemente, por cerca de 5 min. Acrescente a cenoura, o salsão, a cebola, o louro, a pimenta-da-jamaica, noz-moscada a gosto e continue a refogar, mexendo, até começar a alourar. Adicione a farinha de trigo e misture bem. Regue com o vinho e deixe evaporar, mexendo de vez em quando. Junte o extrato de tomate dissolvido no caldo de carne e tempere com sal e pimenta-do-reino. Quando ferver, abaixe o fogo para o mínimo, tampe e deixe cozinhar por mais uns 20 a 30 min, mexendo várias vezes, até o molho ficar encorpado. Se necessário, junte um pouco de água quente. Cozinhe a massa até que fique al dente. Escorra-a e tempere com a manteiga restante. Coloque numa travessa funda e despeje por cima o molho de coelho. Polvilhe o queijo parmesão ralado e sirva.

Sugestão: No lugar do coelho, você pode usar lombo de porco e, se não quiser preparar a massa fresca, substitua-o por talharim comprado pronto.

Gravatinhas com molho de espinafre

Ingredientes para 4 pessoas:

- 1 maço de espinafre
- sal a gosto
- 1 cebola média picada
- 1 xícara de chá de caldo de carne
- 1 receita de gravatinhas (veja a receita de Massa fresca na página 17)
- 1/4 de xícara de chá de queijo parmesão ralado
- 2 filés de anchova
- 1/4 de xícara de chá de nozes picadas

Tempo de preparação: cerca de 40 min

Modo de fazer: Limpe o espinafre, lave-o bem e coloque numa panela com água fervente salgada. Cozinhe-o por 2 min e escorra bem. Coloque o espinafre numa panela com a cebola e o caldo e deixe cozinhar, tampado e em fogo baixo, por 20 a 25 min, até o espinafre ficar bem macio e quase seco. Enquanto o espinafre cozinha, leve ao fogo uma panela grande com bastante água e cozinhe a massa conforme indicado na página 8. Quando o espinafre estiver pronto, espere amornar e coloque-o no liquidificador com o queijo parmesão e os filés de anchova. Bata o molho até que fique quase liso. Escorra a massa e tempere-a com o molho de espinafre. Salpique por cima as nozes picadas e sirva imediatamente, se desejar, com mais parmesão.

Sugestões: Se preferir, use o espinafre-japonês, de sabor bem mais suave. Nesse caso, afervente-o numa panela tampada sem acrescentar água: a água que fica nas folhas, depois de lavadas, já é suficiente. Uma opção mais rápida é usar espinafre congelado e cozinhá-lo diretamente no caldo.

Espaguete fresco com molho de cabrito

Ingredientes para 4 pessoas:

- 1 colher de sopa de azeite de oliva
- 50 g de pancetta picada
- 1 cebola pequena picada fino
- 1 colher de chá de alecrim fresco picado
- pimenta ardida picada, a gosto
- 300 g de carne de cabrito cortada em cubos
- 1/2 xícara de chá de vinho tinto seco
- 1 colher de sopa de extrato de tomate, diluído em 1 xícara de chá de água quente
- 1 lata pequena de tomate pelado
- sal e pimenta-do-reino a gosto
- 1 receita de espaguete fresco (veja a receita de Massa fresca na página 17)
- 1/2 xícara de chá de queijo tipo pecorino ou parmesão ralado

Tempo de preparação: 1 h e 40 min

Modo de fazer: Coloque numa panela média o azeite, a pancetta, a cebola, o alecrim e a pimenta ardida. Leve ao fogo moderado e deixe murchar, mexendo de vez em quando. Adicione a carne e continue fritando e mexendo até começar a corar. Junte o vinho e aumente o fogo para que possa evaporar rapidamente, sempre mexendo. Quando a carne estiver quase seca, acrescente o extrato diluído e o tomate pelado picado, com seu líquido. Tempere com sal e pimenta-do-reino. Após levantar fervura, diminua o fogo, tampe e deixe cozinhar por mais 1h e 30 min, ou até o molho ficar apurado e a carne macia. Quando estiver quase pronto, leve ao fogo forte uma panela grande com bastante água. Quando a água ferver, salgue a gosto e espere ferver novamente para pôr o macarrão. Mexa bem no começo e, depois, de vez em quando. Tão logo a massa esteja cozida al dente, escorra-a e tempere com parte do molho. Coloque-a numa travessa e despeje o molho restante por cima. Polvilhe com o queijo ralado e sirva.

Observação: O espaguete fresco, na Itália chamado de maccheroni alla chitarra, não é bem um espaguete, pois é quadrado e não roliço e, principalmente, não é feito com trigo duro. Essa receita é típica da região dos Abruzzi.

Maltalhati com carne

Ingredientes para 4 pessoas:

- 400 g de fraldinha ou filé mignon
- sal e pimenta-do-reino
- 1 colher de sopa de suco de limão
- 6 colheres de sopa de azeite de oliva
- 1 berinjela média
- 2 abobrinhas pequenas
- 1 galho de alecrim
- 2 dentes de alho
- 1 folha de louro
- 1 receita de maltalhati (veja a receita de Massa fresca na página 17)
- 1 tomate não muito maduro, sem sementes, cortado em cubinhos
- 1 colher de sopa de salsa picada

Tempo de preparação: 50 min

Modo de fazer: Esfregue a carne com sal e pimenta-do-reino, o suco de limão e 1 colher de sopa do azeite de oliva. Deixe tomar gosto por 15 min. Enquanto isso, corte a berinjela e a abobrinha em fatias finas e polvilhe-as com sal; deixe descansar por 15 min. Leve ao fogo uma panela grande com bastante água. Numa frigideira que possa conter a carne sem muita folga, aqueça 1 colher de sopa de azeite com o alecrim, 1 dente de alho inteiro e a folha de louro. Junte a carne e deixe dourar de todos os lados em fogo médio-forte. Quando estiver cozida ao ponto, retire do fogo. Espere esfriar um pouco e corte a carne em tirinhas, coe o líquido do cozimento e reserve. Enxágüe rapidamente as fatias de legumes, enxugue-as e pincele levemente com azeite. Cozinhe-as sobre uma grelha ou chapa, em fogo moderado, até que estejam macias. Corte os legumes em palitos e reserve-os. Cozinhe a massa conforme explicado na página 8. Escorra e enxágüe rapidamente. Numa frigideira grande, aqueça o azeite restante, junte 1 dente de alho picado e deixe dourar ligeiramente. Adicione os cubinhos de tomate e refogue em fogo forte por 1 a 2 min, mexendo. Acrescente o líquido de cozimento da carne e as tirinhas de carne e de legumes. Deixe aquecer bem, mexendo ligeiramente. Misture o molho com a massa e distribua em pratos fundos. Polvilhe com a salsa e sirva.

Maltalhati com tênder

Ingredientes para 4 pessoas:

- 1 xícara de chá de queijo cremoso
- leite
- 1 maçã verde, cortada em cubinhos
- 1/4 de xícara de chá de salsão picado
- 1 xícara de chá de presunto tênder, cortado em tirinhas finas de 5 cm de comprimento
- sal e pimenta-do-reino a gosto
- 1 receita de maltalhati (veja a receita de Massa fresca na página 17)
- 1 xícara de chá de queijo parmesão ralado
- 1/4 de xícara de chá de nozes picadas grosso

Tempo de preparação: 30 min

Modo de fazer: Leve ao fogo uma panela média com água e, sobre esta, coloque a tigela em que irá servir o macarrão. Coloque o queijo cremoso na tigela para aquecer e ficar mais macio. Enquanto isso, leve ao fogo forte outra panela com bastante água, para cozinhar a massa. Quando o queijo estiver morno, junte um pouco de leite, somente o suficiente para deixá-lo bem cremoso, e mexa bem. Acrescente a maçã, o salsão, o tênder e tempere com sal e pimenta-do-reino a gosto. Cozinhe a massa conforme explicado na página 8, escorra e despeje na tigela. Junte o parmesão e as nozes e misture na tigela por 1 min, até ficar bem quente. Sirva a seguir.

Orelhinhas

Ingredientes para 4 pessoas:

- 3 xícaras de chá de farinha de trigo
- 1 1/2 xícara de chá de sêmola de trigo
- sal a gosto
- cerca de 1 1/3 xícara de chá de água morna

Tempo de preparação: cerca de 1 h

Modo de fazer: Misture a farinha de trigo com a sêmola e o sal sobre uma superfície lisa; faça uma cova no meio e adicione parte da água. Vá misturando com a ponta dos dedos e pegando a mistura de farinha na parte interna da cova, jogando-a na água. Conforme a farinha for absorvendo a água, adicione mais água, o suficiente para obter uma massa bem firme. Quando toda a farinha tiver sido incorporada, comece a amassar, empurrando a massa com o punho e recolhendo-a com os dedos. Repita esses movimentos por cerca de 10 min, até conseguir uma massa bem lisa. Corte um pedaço de massa e aperte o dedo sobre a face cortada: se a massa não grudar nem um pouquinho, estará no ponto. Caso contrário, adicione mais um pouco de farinha e amasse novamente. Cubra a massa com uma tigela e deixe descansar por 1 h. Decorrido esse tempo, corte a massa em 8 partes e, com cada uma, forme um rolinho com 1 cm de diâmetro, conservando o restante da massa sob a tigela, para que não resseque. Coloque o rolinho com uma das extremidades virada para você e, usando uma faca com a lâmina reta, corte pedaços de 1 cm. Com o polegar de uma mão, segure a parte final do cilindro, pressionando-a sobre a mesa, enquanto com a outra mão passa a faca sobre ele, puxando-o na sua direção para alongá-lo, formando uma espécie de medalhão de espessura uniforme. Coloque-os de lado e, quando tiver preparado uns 20, levante um de cada vez e pressione com delicadeza no centro para que fiquem ligeiramente abaulados. Repita com todo o restante da massa. (Essa operação é mais difícil de ser explicada do que ser executada e, tão logo tenha um pouco de prática, torna-se até rápida!) Coloque as orelhinhas sobre um pano limpo, ligeiramente polvilhado com farinha de trigo, cubra com outro pano e deixe secar por 2 a 3 h. Para cozinhar, veja instruções na página 8.

Sugestão: Para temperar as orelhinhas, veja a receita Orelhinhas com rúcula e Sugestões (na página 32).

Observações: 1) Esta é uma boa oportunidade de usar o processador de alimentos. Coloque a farinha, a sêmola e o sal na jarra e misture, pulsando 2 ou 3 vezes. Em seguida, acrescente a água através do bocal, até a massa ficar granulada. Continue a bater, pulsando, até a massa ficar uniforme e formar uma bola. Retire-a do aparelho e amasse com as mãos por alguns minutos para que fique bem lisa. Continue conforme explicado na receita. 2) Para congelar, cozinhe as orelhinhas deixando-as um pouco mais firmes, enxágüe rapidamente e, depois de bem escorridas, regue-as com um fio de óleo para que não grudem. Congele sobre uma assadeira e guarde em saco plástico. Podem ser conservadas por até 3 meses. Descongele as orelhinhas na geladeira e reaqueça-as em água fervente salgada. Tempere a gosto e sirva quente. Se preferir, depois de descongeladas, podem ser temperadas e aquecidas no microondas, cobertas.

Orelhinhas com rúcula

Ingredientes para 4 pessoas:

- 1 maço de rúcula
- sal a gosto
- 1 receita de Orelhinhas (veja receita na página 31)
- 4 colheres de sopa de azeite de oliva
- 2 dentes de alho, cortados em fatias
- pimenta ardida picada, a gosto
- 2 filés de anchova
- queijo pecorino ou parmesão ralado

Tempo de preparação: 25 a 30 min

Modo de fazer: Leve ao fogo uma panela com 4 litros de água para ferver. Limpe e lave bem a rúcula. Escorra-a e pique em pedaços de uns 10 cm. Quando a água levantar fervura, adicione o sal e, quando ferver novamente, coloque a rúcula na água e, logo em seguida, as orelhinhas. Mexa sem parar durante o primeiro minuto, para a massa não grudar, depois mexa de vez em quando. Enquanto a massa e a rúcula cozinham, coloque o azeite, o alho e a pimenta em uma frigideira grande o suficiente para conter a massa. Leve ao fogo moderado até o alho dourar levemente. Adicione os filés de anchova e amasse com um garfo para desmanchá-los. Retire do fogo e reserve. Quando o macarrão alcançar o ponto de cozimento desejado, escorra-o e despeje na frigideira. Leve a frigideira de volta ao fogo e refogue, mexendo a massa por cerca de 2 min, para que absorva bem o tempero. Se necessário, junte umas colheradas da água do cozimento. Sirva imediatamente com o queijo ralado à parte.

Sugestões: Experimente substituir a rúcula por brócolos. Descasque os talos e corte-os em pedaços de 2 cm; cozinhe por 3 min, antes de adicionar à massa. Outro tempero clássico é o molho de carne, preparado com carne de cordeiro ou cabrito ou, ainda, molho de tomate com uma pimentinha...

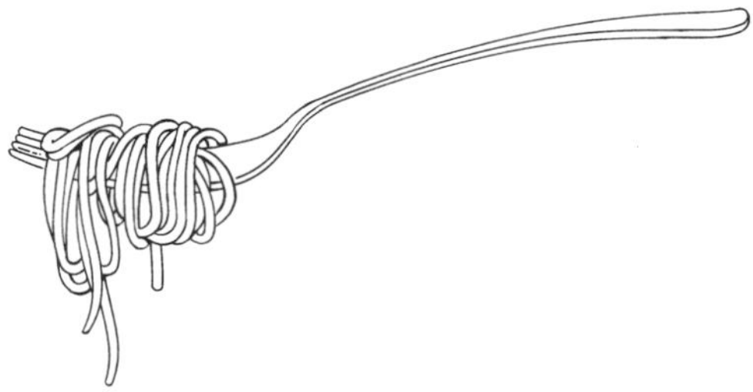

MASSAS RECHEADAS

Neste capítulo estão as massas frescas que levam algum tipo de recheio, tais como ravióli, capelete, agnolotti, etc., além daquelas em camadas, como a lasanha, ou enroladas, como o canelone e o rondelli.

Você pode preparar a massa em casa, conforme explicado na receita para Massa fresca na página 17 ou, se preferir, comprar as massas recheadas já prontas – frescas, secas ou até precozidas! – à venda no mercado.

Se for preparar a massa em casa, existe um acessório para facilitar seu trabalho. Trata-se de uma bandeja com cavidades (5 a 6 cm de lado), própria para moldar pasteizinhos, que é ótima para fazer tortelloni ou ravioloni. Existe também essa bandeja com cavidades menores (2,5 a 3 cm de lado), porém é importada, e serve para fazer ravióli. Para usar a bandeja, polvilhe-a ligeiramente com farinha de trigo, cubra com uma tira de massa que ultrapasse um pouco as bordas e arrume o recheio nas cavidades. Cubra com outra tira de massa e pressione-a com a palma da mão aberta, para marcar bem os ravióli. Depois, passe o rolo de macarrão por cima. Vire a bandeja sobre uma toalha polvilhada com farinha e deixe secar por uns 30 min.

Ravióli de carne

Ingredientes para 4 pessoas:

Para o recheio:

- 1 xícara de chá de sobras de carne assada, picada bem fino
- 1/2 xícara de chá de presunto cozido, picado bem fino
- 1/4 de xícara de chá de queijo parmesão ralado
- 1/2 xícara de chá de farinha de rosca
- 1 ovo
- 1 gema
- sal e pimenta-do-reino a gosto
- 1/4 de colher de chá de noz-moscada ralada

Para a massa:

- 1 receita de Massa fresca (veja receita na página 17) feita com 2 1/2 xícaras de chá de farinha de trigo, 2 ovos, 1 colher de sopa de óleo e 2 a 3 colheres de sopa de água

Tempo de preparação: cerca de 1 h

Modo de fazer: Misture todos os ingredientes do recheio, mexendo bem até obter uma massa homogênea. O recheio deverá ficar bem consistente mas não ressecado; se for necessário, adicione mais um pouco de farinha de rosca ou uma colherada de leite. Reserve. Prepare a massa com os ingredientes relacionados acima. Retire 1/3 da massa e abra-a bem fino, mantendo os 2/3 restantes debaixo de uma tigela, para que não resseque. Faça montinhos de recheio sobre metade da massa aberta, deixando de 2 a 3 cm de espaço entre um e outro. Cubra com a outra metade da massa, apertando bem entre os montinhos. Com a carretilha, recorte os raviólis e coloque-os sobre um pano limpo, polvilhado com farinha de trigo. Cubra com outro pano e deixe secar por 2 a 3 h. Repita a operação com o restante da massa e do recheio. Uns 20 min antes de servir, leve ao fogo uma panela grande com bastante água e, após levantar fervura, adicione sal a gosto. Quando levantar fervura novamente, coloque os ravióli e, no início, mexa bem para que não grudem. Cozinhe por 4 a 6 min ou até a massa ficar al dente. Escorra e tempere com o molho desejado.

Observação: Esta é uma das receitas clássicas da cozinha italiana e, como a maioria das massas caseiras, não é um prato de preparo rápido. Mas sempre há uma ocasião especial em que a gente quer fazer bonito e para a qual não mede esforços. Deve-se levar em conta que, antigamente, as famílias eram numerosas e todo mundo ajudava.

Sugestões: 1) Aqui estão algumas idéias para temperar os ravióli de carne: você pode usar manteiga natural e parmesão; ou manteiga dourada com sálvia e parmesão; ou molho de tomate, parmesão e manteiga; ou creme de leite e parmesão. Prefiro não usar molho de carne porque ele encobre o sabor do recheio. 2) Se você recortar os ravióli menores, com 1 1/2 cm de lado, terá os raviolini, tradicionalmente usados em sopas. 3) Se quiser congelar os ravióli, afervente-os, passe por água fria e escorra bem. Regue com um fio de óleo e mexa, para que não grudem. No freezer, conservam-se por até 3 meses.

Ravioloni individual

Ingredientes para 4 pessoas:

- 400 g de filé de pescada, cortado em pedaços
- 200 g de camarão limpo
- 1/4 de xícara de chá de manteiga
- 4 ou 5 folhas de sálvia
- sal e pimenta-do-reino a gosto
- 2 ovos ligeiramente batidos
- 1 colher de sopa de salsa picada
- 1/2 receita de Massa fresca (veja receita na página 17)
- Molho de tomate apurado (veja receita na página 14)
- queijo estepe ralado para polvilhar

Tempo de preparação: cerca de 1 h

Modo de fazer: Refogue rapidamente o peixe e os camarões na manteiga com a sálvia. Tempere com sal e pimenta-do-reino a gosto e deixe amornar. Elimine a sálvia e pique em pedacinhos a pescada e os camarões; misture com os ovos e a salsa. Abra a massa e recorte 8 discos de 18 cm de diâmetro. Divida o recheio entre 4 discos e cubra-os com os outros 4, apertando bem nas bordas para que o recheio não saia durante o cozimento. Arrume 2 ravioloni numa assadeira e despeje por cima água fervente salgada, suficiente para cobri-los bem. Leve ao forno quente (200°C), preaquecido, e cozinhe por 10 min. Retire os ravioloni com a ajuda de 2 espátulas e arrume-os em pratos individuais. Mantenha quente e repita com os ravioloni restantes. Cubra-os com uma colherada de Molho de tomate apurado e polvilhe com o queijo ralado. Sirva imediatamente.

Tortelloni à Giotto

Ingredientes para 4 pessoas:

- 1/4 de xícara de chá de pancetta (ou bacon) picada
- 1 dente de alho levemente amassado
- 1/2 kg de batata, cozida e passada pelo espremedor
- 100 g de ricota amassada
- 1 1/2 xícara de chá de queijo parmesão ralado
- sal a gosto
- noz-moscada ralada
- 1 receita de Massa fresca (veja a receita na página 17), feita com 2 1/2 xícaras de chá de farinha de trigo, 3 ovos e 1/2 colher de sopa de azeite
- 1 receita de Molho de tomate apurado (veja a receita na página 14)

Tempo de preparação: 1 h e 30 min

Modo de fazer: Coloque a pancetta e o dente de alho numa frigideira pequena e leve ao fogo baixo até que solte a gordura e comece a corar ligeiramente. Elimine o alho e despeje o conteúdo da frigideira numa tigela com a batata espremida. Junte a ricota, 1 xícara de chá de parmesão, sal a gosto e uma raladinha de noz-moscada. Misture tudo muito bem e reserve. Abra a massa em tiras de 10 cm de largura e, sobre metade da tira, no sentido do comprimento, coloque montinhos de recheio do tamanho de meia noz, distantes 4 cm um do outro. Dobre a metade livre de massa sobre os montinhos e aperte bem ao redor do recheio. Com a carretilha, recorte quadrados de 4 cm de lado e arrume-os sobre um pano limpo, ligeiramente enfarinhado. Deixe secar durante 30 min. Cozinhe-os conforme explicado na página 8. Escorra e coloque numa tigela, tempere com o Molho de tomate apurado e polvilhe com o parmesão restante. Sirva a seguir.

Lasanha à bolonhesa

Ingredientes para 4 pessoas:

- 1 receita de Massa fresca (veja a receita na página 17)
- sal a gosto
- 1/2 colher de sopa de óleo
- 1 1/2 receita de Molho branco (veja a receita na página 13)
- 1 receita de Molho à bolonhesa (veja a receita na página 15)
- 1/2 xícara de chá de queijo parmesão ralado
- 1 colher de sopa de farinha de rosca
- 2 colheres de sopa de manteiga

Tempo de preparação: cerca de 1 h

Modo de fazer: Abra e recorte a massa em retângulos de 12 cm x 18 cm. Cozinhe os retângulos de massa em água ligeiramente salgada, adicionada do óleo, durante uns 2 min ou até ficarem al dente. Coloque sobre um pano limpo, molhado e bem torcido, para que percam o excesso de umidade (se o pano estiver seco, eles grudarão). Quando a massa estiver toda cozida, ligue o forno à temperatura de 180ºC. Unte bem uma fôrma de 18 cm x 25 cm e forre o fundo com duas tiras de massa. Cubra-as com uma fina camada de Molho branco, um pouco de Molho à bolonhesa e parte do parmesão. Cubra com mais duas tiras de massa. Repita as camadas até terminarem os ingredientes, lembrando que a última deverá ser de Molho branco, parcialmente coberto por Molho à bolonhesa e salpicado com o parmesão restante misturado com a farinha de rosca. Espalhe por cima a manteiga em pedacinhos e leve ao forno preaquecido por uns 30 min ou até ficar bem dourado e borbulhante. Deixe descansar por 10 min antes de servir.

Observação: Quando fizer lasanha, dobre a receita e faça duas, aproveitando para congelar uma. Assim, da próxima vez não terá trabalho nenhum. A lasanha pode ser congelada, já assada ou não, por até 3 meses.

Tortelloni à Giotto
(veja receita na página 35)

Lasanha vegetariana

Ingredientes para 4 pessoas:
- 2 abobrinhas médias
- sal a gosto
- 2 cebolas médias
- 2 tomates médios, maduros e firmes
- 3 ovos cozidos
- óleo para fritar
- 1 receita de Massa fresca (veja a receita na página 17)
- 1 receita de Molho de tomate rápido (veja a receita na página 14)
- 1 xícara de chá de queijo tipo suíço (ou mozarela) ralado no ralo grosso
- 1/2 xícara de chá de queijo parmesão ralado
- 1/2 caixa pequena de requeijão Catupiry
- 1/2 xícara de chá de nozes picadas

Tempo de preparação: cerca de 1 h

Modo de fazer: Corte as abobrinhas em fatias finas, pelo comprimento, e polvilhe-as com um pouco de sal. Deixe descansar por 10 min, para que escorram. Corte as cebolas, os tomates e os ovos cozidos em rodelas. Reserve. Enxugue as fatias de abobrinha. Aqueça o óleo numa frigideira e frite-as em fogo médio, até dourarem ligeiramente dos dois lados. Escorra sobre papel absorvente. Frite da mesma forma as rodelas de cebola e tomate. Abra, corte e cozinhe a massa conforme explicado na receita Lasanha à bolonhesa (veja página 36). Numa fôrma refrataria de 18 cm x 25 cm, espalhe um pouco do Molho de tomate e, sobre este, faça camadas de massa, legumes fritos e ovo cozido, alternados com os três tipos de queijo e as nozes. Para terminar, faça uma camada de massa, uma de Molho de tomate, uma de Catupiry, parmesão e nozes. Leve ao forno preaquecido em temperatura moderada (170°C) por 30 a 35 min, ou até a lasanha ficar dourada na superfície e borbulhando. Deixe descansar por 5 min antes de servir.

Canelone à mexicana
(veja receita na página 41)

Lasanha de berinjela

Ingredientes para 4 pessoas:
- 4 berinjelas médias (1 kg)
- sal a gosto
- vinagre
- 1 receita de Massa fresca (veja a receita na página 17)
- óleo para fritar
- 1 receita de Molho de tomate apurado (veja receita na página 14)
- 200 g de presunto cozido em fatias
- 200 g de mozarela em fatias
- 1/2 xícara de chá de queijo parmesão ralado
- 1 colher de sopa de manteiga

Tempo de preparação: cerca de 1 h mais o tempo de descanso

Modo de fazer: Elimine uma tira da casca das berinjelas e outra do lado oposto; elimine as extremidades. Começando pelo lado onde tirou uma tira de casca, corte as berinjelas em fatias de mais ou menos 0,5 cm de espessura e coloque-as numa vasilha com água, sal e vinagre. Deixe de molho por 30 min, para eliminar o suco amargo que, às vezes, a berinjela contém. Enquanto isso, cozinhe as lâminas de lasanha conforme explicado na página 8 e coloque-as para secar sobre um pano limpo, umedecido. Depois que a berinjela ficou de molho pelo tempo indicado, escorra as fatias e aperte-as bem entre as mãos para eliminar o excesso de água. Frite-as em óleo quente, numa frigideira rasa, até os dois lados ficarem dourados. Escorra sobre papel absorvente e reserve. Numa assadeira de 18 cm x 25 cm, espalhe um pouco do molho de tomate; sobre este, faça camadas nesta ordem: lasanha, molho, berinjela, presunto, mozarela e parmesão. Repita as camadas até terminar os ingredientes, sendo que as últimas camadas devem ser de massa, molho e parmesão. Espalhe por cima a manteiga em pedacinhos e leve ao forno médio (170°C), preaquecido, para dourar. Retire do forno e deixe descansar por 5 min antes de servir. Se desejar, sirva mais parmesão à parte.

Lasanha fácil

Ingredientes para 4 pessoas:

- 1 receita de Massa fresca (veja a receita na página 17)
- sal a gosto
- 1/2 colher de sopa de óleo
- 1 1/2 receita de Molho branco (veja a receita na página 13)
- 1 xícara de chá de espinafre cozido, espremido e picado grosso
- 1 xícara de chá de ricota esmigalhada
- 1 xícara de chá de presunto picado
- 1/2 xícara de chá de queijo parmesão ralado
- 4 colheres de sopa de manteiga

Tempo de preparação: 40 min

Modo de fazer: Cozinhe os retângulos de massa em água ligeiramente salgada, com o óleo, conforme explicado na receita de Lasanha à bolonhesa (veja página 36). Preaqueça o forno à temperatura de 180°C. Unte bem uma fôrma de 18 cm x 25 cm e faça uma primeira camada de massa. Espalhe por cima um pouco do Molho branco, parte do espinafre, da ricota, do presunto, do parmesão e pedacinhos de manteiga. Cubra com retângulos de massa e repita as camadas, sendo que a última deve ser de Molho branco polvilhado com parmesão. Salpique com mais pedacinhos de manteiga e leve ao forno. Asse por uns 30 min, ou até ficar dourado e borbulhar. Retire do forno e deixe descansar por 10 min antes de servir.

Canelone à mexicana

Ingredientes para 4 pessoas:
- 2 tomates, sem pele nem sementes, picados
- 1 cebola pequena picada
- 1/4 de xícara de chá de coentro picado
- pimenta ardida picada
- sal a gosto
- 1 pitada de cominho
- 1 pitada de orégano
- 3 colheres de sopa de azeite de oliva
- 1 peito de frango, cozido e desfiado
- 1 ovo
- 1 xícara de chá de leite
- 1/2 xícara de chá de creme de leite
- 1/2 colher de sopa de farinha de trigo
- 8 lâminas de lasanha precozida, comprada pronta
- 1 pimentão amarelo, sem pele, cortado em tirinhas
- 1 xícara de chá de milho verde em grão, congelado
- 1 xícara de chá de queijo prato, ralado no ralo grosso

Tempo de preparação: 1 h e 20 min

Modo de fazer: Misture o tomate, a cebola, o coentro, a pimenta ardida, sal e as pitadas de cominho e de orégano. Junte o azeite e o frango desfiado e mexa bem; reserve. Coloque no liquidificador o ovo, o leite, o creme de leite, a farinha e sal a gosto. Bata por alguns segundos até misturar bem e reserve. Para formar os canelones, coloque sobre as lâminas de massa um pouco de pimentão picado e cubra com a mistura de frango, dividindo uniformemente os ingredientes. Enrole as lâminas como rocambole e arrume numa fôrma refratária. Espalhe por cima o milho verde e regue com a mistura batida. Polvilhe com o queijo e cubra com papel-alumínio. Leve ao forno moderado (160°C), preaquecido, e asse por uns 40 min, ou até ficar dourado. Deixe descansar por 10 min antes de servir.

Observação: Para eliminar a pele do pimentão, espete-o com um garfo e segure-o sobre a chama do fogão até a pele ficar chamuscada. Raspe-o então com o lado cego de uma faca e lave rapidamente. Enxugue, corte ao meio e elimine as sementes. Depois, corte em tirinhas.

Canelone gratinado

Ingredientes para 4 pessoas:
- 3 colheres de sopa de manteiga
- 1 cebola pequena picada
- 200 g de cogumelo fresco, cortado em fatias
- 1 peito de frango, cozido e desfiado
- sal e pimenta-do-reino a gosto
- 1/2 maço de agrião, lavado e picado
- 4 ovos
- 1 1/2 xícara de chá de creme de leite
- 1 pitada de noz-moscada ralada
- 8 lâminas de lasanha (veja a receita de Massa fresca na página 17)

Tempo de preparação: 35 a 40 min

Modo de fazer: Derreta 2 colheres de sopa de manteiga e refogue a cebola. Junte o cogumelo e deixe em fogo médio, mexendo algumas vezes, por mais uns 2 min. Adicione o frango desfiado, tempere com sal e pimenta-do-reino a gosto e continue refogando e mexendo, até o líquido secar um pouco. Numa outra frigideira, derreta a manteiga restante e refogue o agrião até murchar bem e secar. Tempere com sal a gosto e deixe amornar. Bata bem os ovos, depois junte o creme de leite, a noz-moscada, sal e pimenta-do-reino. Divida entre as lâminas de massa primeiro a mistura de frango e depois o agrião refogado. Enrole formando os canelones e arrume em uma fôrma refratária, com a dobra para baixo. Despeje a mistura de ovo por cima e leve ao forno quente (200°C), preaquecido, por 20 a 25 min, ou até que o creme esteja firme e bem dourado.

Sugestão: Se preferir, use massa para lasanha precozida, comprada pronta, e polvilhe com queijo ralado antes de levar ao forno.

Rondelli clássico

Ingredientes para 4 pessoas:
- 200 g de mozarela em fatias
- 200 g de presunto cozido em fatias
- 8 lâminas de lasanha, precozidas
- 1 receita de Molho branco (veja receita na página 13)
- 1/2 xícara de chá de leite
- 1/2 xícara de chá de queijo parmesão ralado

Tempo de preparação: 45 min

Modo de fazer: Divida a mozarela e o presunto em 8 partes iguais Abra as lâminas de massa e cubra-as com as fatias de mozarela e de presunto. Enrole como rocambole, sem apertar demais, e corte em fatias com um dedo de largura. Unte bem uma fôrma refratária e arrume as rodelas, sobrepondo-as ligeiramente. Misture o Molho branco com o leite e despeje sobre a massa. Polvilhe com o queijo parmesão e leve ao forno quente (190°C), preaquecido, por 25 a 30 min, até ficar bem quente e dourado. Sirva a seguir.

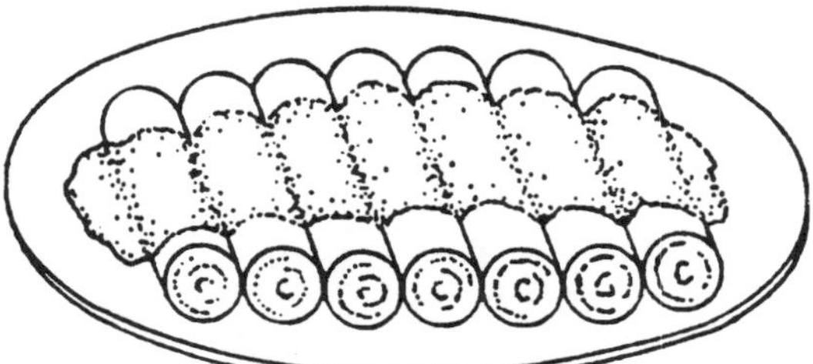

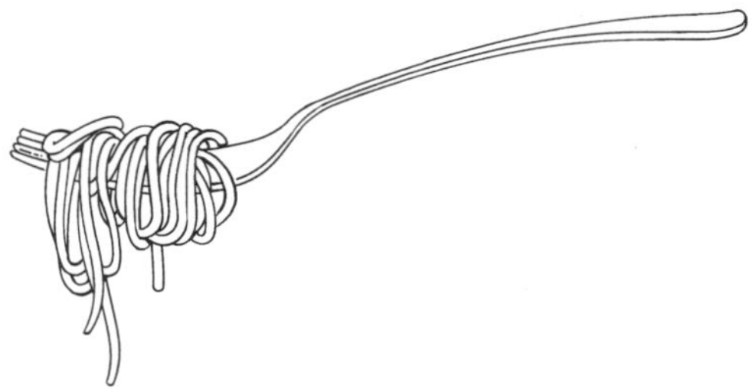

MASSAS COLORIDAS

Aqui estão as receitas de massas frescas coloridas, que se obtêm com a adição geralmente de vegetais, como o espinafre para a massa verde, o extrato de tomate para a vermelha, etc.

A regra mais importante nesse tipo de massa é usar legumes bem enxutos. O ideal seria cozinhá-los no vapor ou no microondas. Se isso não for possível, deixe que esfriem um pouco e aperte com as mãos para eliminar o excesso de água: todavia, tome cuidado para não exagerar, pois, afinal, eles estão substituindo um dos ovos da receita.

Para não repetir muito, damos a receita completa só da Massa de espinafre e, das restantes, somente os ingredientes, já que o modo de fazer é igual para todas.

Massa de espinafre

Ingredientes para 4 pessoas:

- 3 ovos
- 1/2 xícara de chá de espinafre cozido, bem espremido e picado grosseiramente
- 1/2 colher de chá de sal (opcional)
- 3 1/2 xícaras de chá de farinha de trigo

Tempo de preparação: 30 min mais o tempo de descanso

Modo de fazer: Quebre os ovos, um de cada vez, dentro de uma tigelinha (para ter certeza de que não estão estragados) e vá colocando-os dentro do copo do liquidificador. Bata-os com o espinafre e o sal, se for usá-lo, e reserve. Coloque a farinha de trigo sobre uma superfície lisa e faça uma cova no centro. Adicione a mistura de ovo e amasse com a ponta dos dedos, pegando a farinha na parte interna da cova e juntando-a à mistura. Continue até ter incorporado quase toda a farinha. Amasse empurrando a massa, abaixando-a com a palma da mão, e recolhendo-a de volta com os dedos. Repita essa operação até a massa ficar lisa e elástica e ter absorvido toda a farinha: se achar necessário, adicione mais um pouco. Forme uma bola com a massa, coloque-a sobre a superfície de trabalho polvilhada de farinha e cubra-a com uma tigela. Deixe descansar por 20 a 30 min antes de abir a massa na máquina ou na mão, conforme indicado na receita de Massa fresca na página 17.

Massa de cenoura

Ingredientes para 4 pessoas:

- 3 ovos
- 1 cenoura média, cozida e cortada em pedaços
- 1/2 colher de chá de sal (opcional)
- 3 1/2 xícaras de farinha de trigo

Modo de fazer: Igual ao da Massa de espinafre (veja receita na página 43).

Massa de tomate

Ingredientes para 4 pessoas:

- 3 ovos
- 2 colheres de sopa de extrato de tomate
- 3 1/2 xícaras de chá de farinha de trigo

Modo de fazer: Igual ao da Massa de espinafre (veja receita na página 43).

Massa de abóbora

Ingredientes para 4 pessoas:

- 3 ovos
- 1/2 xícara de chá de purê de abóbora
- 1 colher de chá de sal (opcional)
- 1 pitada de açúcar
- 3 1/2 xícaras de chá de farinha de trigo

Modo de fazer: Igual ao da Massa de espinafre (veja receita na página 43).

Massa aromática

Ingredientes para 4 pessoas:

- 3 1/3 xícaras de chá de farinha de trigo
- 1/2 colher de chá de sal (opcional)
- 2 a 3 colheres de sopa de ervas aromáticas frescas, picadas fino (salsa, cebolinha-verde, manjericão, tomilho, etc. Pode usar uma mistura ou só uma delas.)
- 3 ovos

Modo de fazer: Sobre uma superfície lisa, misture a farinha de trigo com o sal, se for usá-lo, e as ervas aromáticas escolhidas. Forme um montinho e faça uma cova no centro. Quebre os ovos, um de cada vez, dentro de uma tigelinha (para verificar se não estão estragados) e bata ligeiramente, somente para desmanchá-los. Despeje-os dentro da cova e vá amassando com a ponta dos dedos, pegando a farinha da parte interna da cova e juntando-a à mistura. Continue até ter incorporado quase toda a farinha. Amasse empurrando a massa, abaixando-a com a palma da mão e recolhendo-a de volta com os dedos. Repita essa operação até a massa ficar lisa e elástica e ter absorvido toda a farinha: se achar necessário, adicione mais um pouco. Forme uma bola com a massa, coloque-a sobre a superfície de trabalho polvilhada de farinha e cubra-a com uma tigela. Deixe descansar por 20 a 30 min antes de abir a massa na máquina ou na mão, conforme indicado na receita de Massa fresca na página 17.

Massa de pimenta

Ingredientes para 4 pessoas:

- 3 1/3 xícaras de chá de farinha de trigo
- 1 1/2 a 2 colheres de sopa de pimenta-do-reino preta, amassada não muito fino
- 1/2 colher de chá de sal (opcional)
- 4 ovos

Modo de fazer: Igual ao da Massa de espinafre (veja receita na página 43).

Massa de caril

Ingredientes para 4 pessoas:

- 3 1/4 xícaras de chá de farinha de trigo
- 1 colher de sopa de caril em pó
- 1/2 colher de chá de sal (opcional)
- 4 ovos

Modo de fazer: Igual ao da Massa de espinafre (veja receita na página 43).

Massa de queijo

Ingredientes para 4 pessoas:

- 3 xícaras de chá de farinha de trigo
- 1 xícara de chá de queijo parmesão ralado
- 1 pitada de noz-moscada ralada
- 4 ovos

Modo de fazer: Igual ao da Massa de espinafre (veja receita na página 43).

Massa de beterraba

Ingredientes para 4 pessoas:

- 3 ovos
- 1 beterraba pequena, cozida e cortada em cubinhos
- 1/2 colher de chá de sal (opcional)
- 1 pitada de açúcar
- 3 1/3 xícaras de chá de farinha de trigo

Modo de fazer: Igual ao da Massa de espinafre (veja receita na página 43).

Massa de pesto

Ingredientes para 4 pessoas:

- 2 ovos
- 1 gema
- 1/4 de xícara de chá de Pesto à moda de Génoa (veja a receita na página 16)
- 3 1/2 xícaras de chá de farinha de trigo

Modo de fazer: Igual ao da Massa de espinafre (veja receita na página 43).

Massa de limão

Ingredientes para 4 pessoas:

- 3 1/3 xícaras de chá de farinha de trigo
- casca ralada de 1/2 limão
- 1/2 colher de chá de sal (opcional)
- 4 ovos

Modo de fazer: Igual ao da Massa de espinafre (veja receita na página 43).

Massa de cacau

Ingredientes para 4 pessoas:

- 3 1/2 xícaras de chá de farinha de trigo
- 3/4 de xícara de chá de cacau em pó
- 1 colher de chá de sal (opcional)
- 4 ovos

Modo de fazer: Igual ao da Massa de espinafre (veja receita na página 43).

Observação: A diferença entre o cacau e o chocolate em pó é que o primeiro não leva açúcar.

Ravioloni de Natal

Ingredientes para 4 pessoas:

- 1 receita de Molho de tomate apurado (veja página 14)
- 1 receita de Massa de espinafre (veja página 43)

Para o recheio:

- 400 g de ricota fresca
- 2 ovos
- 1 xícara de chá de queijo parmesão ralado
- sal e pimenta-do-reino a gosto
- noz-moscada ralada
- 1 xícara de chá de nozes picadas

Tempo de preparação: cerca de 1 h

Modo de fazer: Primeiro prepare o Molho de tomate. Enquanto o molho cozinha, prepare a massa. Enquanto o molho continua cozinhando e a massa descansa, prepare o recheio: passe a ricota por uma peneira ou amasse-a muito bem em uma travessa funda. Adicione os ovos, metade do queijo parmesão, sal e pimenta-do-reino e 2 pitadas de noz-moscada. Misture tudo muito bem. Adicione 2/3 de xícara de chá das nozes, mexa novamente e reserve. Abra a massa e recorte discos de 8 cm de diâmetro. Coloque um pouco de recheio, dobre formando uma meia-lua e pressione bem as bordas. Conforme forem ficando prontos, coloque-os sobre um pano polvilhado com farinha de trigo. Cozinhe em bastante água fervente salgada, por cerca de 5 min, até a massa ficar al dente. Escorra e tempere com metade do molho. Coloque numa fôrma refratária e regue com o molho restante. Polvilhe com o restante do parmesão e das nozes. Leve ao forno, preaquecido mas desligado, por 10 min. Sirva mais parmesão num recipiente à parte.

Observação: Não prepare esta massa com muita antecedência porque a umidade da ricota faz a massa amolecer. Todavia, é possível deixar o prato já pronto na fôrma refratária e, na hora de servir, levá-lo ao forno, coberto com papel-alumínio, por 15 a 20 min.

Lasanha doce com creme e fruta (veja receita na página 54)

Lasanha listrada

Ingredientes para 4 pessoas

- 1/2 receita de Massa fresca (veja receita na página 17)
- 1/4 de receita de Massa de tomate (veja receita na página 44)
- 1 clara ligeiramente batida
- 4 fatias de bacon
- 1 cebola pequena, cortada em fatias finas
- 250 g de ricota
- leite
- 1/4 de xícara de chá de queijo parmesão ralado
- sal e pimenta-do-reino branca a gosto
- 1/4 de xícara de chá de nozes picadas grosseiramente
- lascas de parmesão e folhas de manjericão

Tempo de preparação: cerca de 1 h mais o tempo de secar a massa

Modo de fazer: Abra as massas numa espessura não muito fina. Recorte a massa clara em retângulos de 15 cm x 10 cm e a vermelha em formato de talharim. Corte as tiras de talharim com o mesmo comprimento dos retângulos (15 cm), pincele-as de um lado só com um pouco de clara e grude-as sobre os retângulos a distâncias regulares. Polvilhe com um pouco de farinha de trigo e passe-os novamente na máquina ou amasse com o rolo para que as tiras grudem nos retângulos. Coloque sobre um pano ligeiramente enfarinhado e deixe secar bem. Prepare o molho: frite as fatias de bacon em fogo moderado até ficarem crocantes; escorra e, na gordura que sobrou na frigideira, refogue a cebola até que doure de leve. Reserve mantendo aquecida. Amasse bem a ricota e adicione um pouco de leite, somente o suficiente para que fique cremosa. Leve ao fogo moderado para aquecer bem, sem ferver. Junte o queijo parmesão e tempere-a com sal e pimenta-do-reino branca a gosto. Reserve mantendo aquecida. Pouco antes de servir, cozinhe as lâminas de lasanha, 3 ou 4 de cada vez, em bastante água salgada. Escorra bem. Monte porções individuais em pratos preaquecidos: coloque 3 ou 4 lâminas de massa em cada prato, abrindo-as em leque. Espalhe entre elas parte da ricota, salpique com um pouco do bacon esmigalhado, da cebola e das nozes. Decore com lascas de parmesão e folhas de manjericão. Sirva imediatamente.

Sugestão: No lugar das listras, você pode decorar a massa com discos, losangos, quadrados, etc. e a combinação das cores fica por conta da sua criatividade. O importante é que você deixe secar bem a massa para que, ao cozinhar, as cores não se misturem.

Lasanha listrada
(veja receita nesta página)

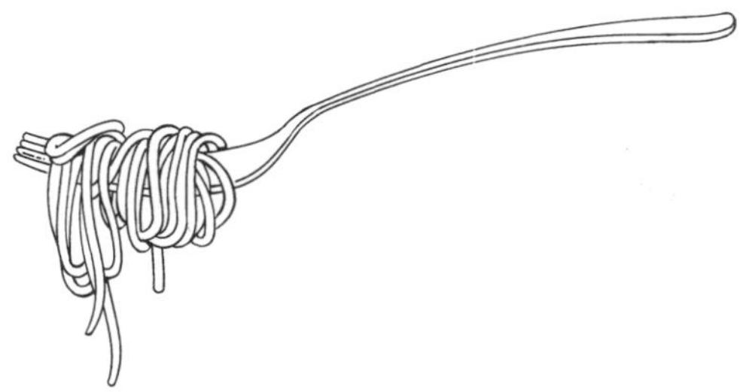

NHOQUES

Nhoque de batata

Ingredientes para 4 pessoas:

- 1,2 kg de batata média, cozida e passada pelo espremedor
- sal a gosto
- 2 ovos
- 2 1/2 a 3 xícaras de chá de farinha de trigo

Tempo de preparação: 40 min

Modo de fazer: Coloque a batata numa tigela, junte sal a gosto, os ovos e misture bem. Vá acrescentando farinha de trigo até a massa não grudar, tomando cuidado para trabalhá-la o menos possível. Coloque uma porção de massa sobre uma mesa bem enfarinhada e, com a ajuda da farinha, forme cordões com 1 a 1,5 cm de diâmetro. Corte em pedaços de 2 cm e aperte delicadamente os nhoques com os dentes de um garfo enfarinhado. Conforme forem ficando prontos, coloque-os sobre uma travessa polvilhada com farinha. Cozinhe, poucos por vez, em bastante água fervente salgada, retirando-os com uma escumadeira quando subirem à tona. Coloque em uma travessa funda, tempere com o molho de sua preferência e sirva.

Observações: 1) Cozinhe as batatas em fogo bem baixo para que a casca não estoure. Descasque e esprema enquanto estiver quente, mas só misture com os demais ingredientes depois de fria, para que absorva menos farinha e os nhoques fiquem mais macios. 2) Para conferir se a massa está no ponto, faça um ou dois nhoques e cozinhe-os: se desmancharem, junte mais um pouco de farinha, mexendo somente o suficiente para misturá-la.

Nhoque de abóbora

Ingredientes para 4 pessoas:

- 1/2 kg de batata cozida
- 1/2 kg de abóbora japonesa, descascada e cozida
- sal e pimenta-do-reino a gosto
- 1 colher de sopa de óleo
- 4 fatias de bacon picadas
- 400 g de cebola, cortada em fatias bem finas
- 1/2 colher de chá de açúcar
- 1 pitada de noz-moscada ralada
- 2 ovos
- 1/2 xícara de chá de farinha de rosca
- 1 xícara de chá de farinha de trigo
- 1 vidro de requeijão cremoso
- 1/2 xícara de chá de queijo parmesão ralado

Tempo de preparação: 1 h

Modo de fazer: Passe a batata e a abóbora pelo espremedor e deixe amornar. Enquanto isso, leve ao fogo forte uma panela média com água ligeiramente salgada. Prepare o molho: leve o óleo e o bacon ao fogo baixo até este soltar toda a gordura. Junte a cebola, o açúcar, sal e pimenta-do-reino a gosto. Acrescente 1 xícara de chá de água e abaixe o fogo para o mínimo. Cozinhe, tampado, por cerca de 20 min, até a cebola ficar bem macia e ligeiramente dourada. Retire do fogo e reserve. Adicione ao purê sal e pimenta-do-reino, a noz-moscada, os ovos e a farinha de rosca. Misture bem e espere 5 min. Acrescente a farinha de trigo e volte a mexer até a farinha desaparecer completamente. Prepare e cozinhe os nhoques conforme explicado na receita Nhoque de batata (página 50). Quando ficarem prontos, faça camadas numa fôrma refratária de nhoques, molho e requeijão. Por cima, polvilhe o queijo ralado e leve ao forno quente (200ºC) até ficar ligeiramente gratinado. Sirva quente.

Nhoque de sêmola de trigo

Ingredientes para 4 pessoas:

- 4 1/2 xícaras de chá de leite
- sal a gosto
- 5 colheres de sopa de manteiga
- 2 xícaras de chá de sêmola de trigo
- 2 gemas
- manteiga para untar
- 1/2 xícara de chá de queijo parmesão ralado

Tempo de preparação: 1 h

Modo de fazer: Coloque o leite, sal a gosto e 1 colher de sopa de manteiga em uma panela e leve ao fogo médio. Quando levantar fervura, junte a sêmola de trigo em chuva, mexendo bem para não formar grumos. Cozinhe por 10 a 15 min em fogo baixo, mexendo constantemente, até engrossar bem. Retire a panela do fogo, adicione as gemas e mexa bem. Despeje sobre uma superfície plana, bem limpa e molhada com água, e espalhe até ficar com 1 a 1,5 cm de espessura, alisando bem com uma espátula, também molhada. Deixe esfriar completamente. Preaqueça o forno à temperatura de 180ºC. Com um copo ou um cortador de biscoitos, com 6 a 7 cm de diâmetro, recorte a maior quantidade possível de discos da massa de sêmola. Recolha os retalhos e disponha-os em uma camada no fundo de uma fôrma refratária, bem untada. Derreta a manteiga restante, respingue um pouco sobre os retalhos e polvilhe com um pouco do queijo parmesão. Arrume por cima os discos de sêmola, sobrepondo-os ligeiramente. Respingue por cima o restante da manteiga derretida e polvilhe com o restante do queijo parmesão. Leve ao forno quente por 20 a 25 min, ou até formar uma casquinha dourada por cima.

Nhoque recheado

Ingredientes para 4 pessoas:

Para o recheio:

- 2 colheres de sopa de manteiga
- 2 colheres de sopa de cebola ralada
- 1/2 xícara de chá de presunto picado
- 1 xícara de chá de mozarela ralada no ralo grosso
- 1 colher de chá de manjerona picada

Para a massa:

- 1 receita de massa para Nhoque de batata (veja a receita na página 50)
- farinha de trigo para polvilhar
- 2 colheres de sopa de manteiga
- 1/2 receita de Molho de tomate apurado (veja a receita na página 14)
- 1/2 receita de Molho branco (veja a receita na página 13)
- 1/2 xícara de chá de queijo parmesão ralado

Tempo de preparação: 1 h e 30 min

Modo de fazer: Para o recheio, derreta a manteiga em uma panela média, junte a cebola e deixe murchar em fogo moderado, mexendo com freqüência. Adicione o presunto picado e refogue por 1 a 2 min. Deixe esfriar e junte a mozarela e a manjerona. Reserve. Pegue um pedaço de massa do tamanho de uma noz pequena e enfarinhe-o bem. Achate-o sobre a palma da mão e coloque no centro 2 colheres de chá do recheio. Feche bem, no formato de um croquetinho. Passe novamente na farinha e apóie sobre uma travessa bem polvilhada com farinha. Repita com o restante da massa e do recheio: você deverá obter 48 nhoques. Quando todos estiverem prontos, cozinhe-os em água fervente, ligeiramente salgada, poucos por vez. Quando subirem à tona, retire-os com uma escumadeira, escorra bem e arrume em uma fôrma refratária untada. Preaqueça o forno à temperatura de 190°C. Coloque os dois molhos sobre os nhoques, às colheradas, alternando-os, de modo que fiquem mesclados. Polvilhe com o queijo ralado e distribua por cima o restante da manteiga em pedacinhos. Leve ao forno quente por cerca de 30 min, até que fiquem gratinados. Sirva quente.

Observação: Os nhoques recheados conservam-se no congelador por até 2 meses. Se desejar, pode congelar depois de assado. Para servir, descongele na geladeira de um dia para o outro e leve ao forno frio, ligando-o nos 190°C. Asse por 20 a 30 min, coberto com papel-alumínio durante a primeira metade do tempo.

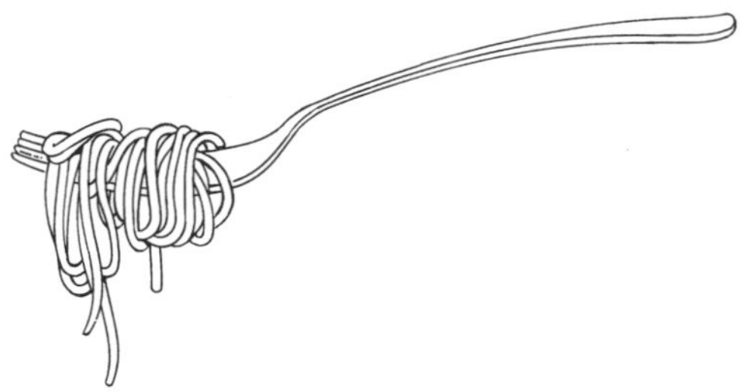

MASSAS DOCES

Ravióli doce de carnaval

Ingredientes para 4 pessoas:

Para o recheio:

- 200 g de ameixa-preta, sem caroço, picada
- 2 maçãs
- 1 pêra
- casca ralada de 1/2 limão
- 1/2 xícara de chá de vinho branco
- 1/4 de xícara de chá de açúcar
- 1/2 xícara de chá de uva passa sem sementes

Para a massa:

- 2 1/4 xícaras de chá de farinha de trigo
- 1 pitada de sal
- 1/2 xícara de chá de açúcar
- 2 colheres de sopa de manteiga
- 2 colheres de sopa de banha
- 2 colheres de sopa de rum
- 2 colheres de sopa de vinho branco
- 1 clara para pincelar
- óleo para fritar
- açúcar para polvilhar

Tempo de preparação:
cerca de 1 h e 30 min

Modo de fazer: Deixe a ameixa-preta de molho em água de um dia para o outro. Para fazer o recheio, descasque e pique as maçãs e a pêra. Coloque-as numa panela com a ameixa-preta escorrida, a casca ralada de limão, o vinho branco e o açúcar. Leve ao fogo baixo e cozinhe por cerca de 1 h, até obter um purê de consistência firme. Junte a uva passa, misture bem e deixe esfriar. Para a massa, misture a farinha de trigo com o sal e o açúcar e faça uma cova no meio. Junte o restante dos ingredientes e amasse bem, até obter uma massa um pouco mais macia do que a de talharim; adicione mais um pouco de vinho, se for preciso. Abra a massa em um círculo de 20 cm de diâmetro, dobre-o em quatro e abra novamente. Repita essa operação mais 4 vezes. Finalmente, abra a massa com uma espessura de 3 mm. Corte tiras de 10 cm de largura e coloque montinhos de recheio, deixando 8 cm entre um e o outro. Pincele a borda da tira com a clara sem bater e dobre-a sobre o recheio, pelo comprimento. Recorte meias-luas de 8 cm de diâmetro e aperte as bordas com os dentes de um garfo. Frite os raviólis em óleo quente até ficarem dourados. Escorra-os sobre papel absorvente e passe no açúcar. Sirva quente ou em temperatura ambiente.

Lasanha doce com creme e fruta

Ingredientes para 6 pessoas:

Para o creme de confeiteiro:

- 1/3 de xícara de chá de açúcar
- 3 colheres de sopa de farinha de trigo
- 2 xícaras de chá de leite
- 1 pitada de sal
- 1 tira de casca de limão
- 2 ovos ligeiramente batidos
- 1 colher de sopa de essência de baunilha
- 1 envelope (12 g) de gelatina branca sem sabor

Para a montagem:

- 4 lâminas de massa para lasanha (11 cm x 18 cm), cozidas
- 1 lata (200 g) de ameixa-preta em calda, bem escorrida, sem caroço e picada
- 2/3 de xícara de chá de nozes moídas com 2/3 de xícara de chá de açúcar
- chantili e 6 metades de noz para decorar (opcional)

Tempo de preparação: 40 min mais o tempo de geladeira

Modo de fazer: Misture bem o açúcar com a farinha de trigo e reserve. Leve ao fogo o leite, o sal e a casca de limão e, quando levantar fervura, tire a panela do fogo e elimine a casca. Jogue dentro do leite a mistura de açúcar e farinha, de uma só vez, mexendo bem. Leve de volta ao fogo e cozinhe por 1 min. Espere amornar por uns 2 min e adicione os ovos, voltando a bater imediatamente com o batedor de arame. Por último, junte a baunilha e a gelatina, previamente amolecida e dissolvida conforme as instruções da embalagem. Misture bem e deixe esfriar, mexendo de vez em quando para que não forme uma película na superfície, depois leve à geladeira até encorpar. Monte o doce sobre um prato de servir, alternando camadas de massa, de creme e de ameixa-preta, polvilhada com um pouco da mistura de nozes com açúcar. Termine com uma camada de massa e cubra com filme plástico. Leve à geladeira até ficar bem firme. Na hora de servir, corte em 6 quadrados e polvilhe por cima o restante da mistura de nozes e açúcar. Se desejar, decore com chantili e uma metade de noz.

Observação: Esta é uma sobremesa que parece feita por confeiteiro profissional, mas que você monta fácil, fácil, usando apenas massa para lasanha, creme de confeiteiro e ameixa-preta (ou outra fruta) em calda.

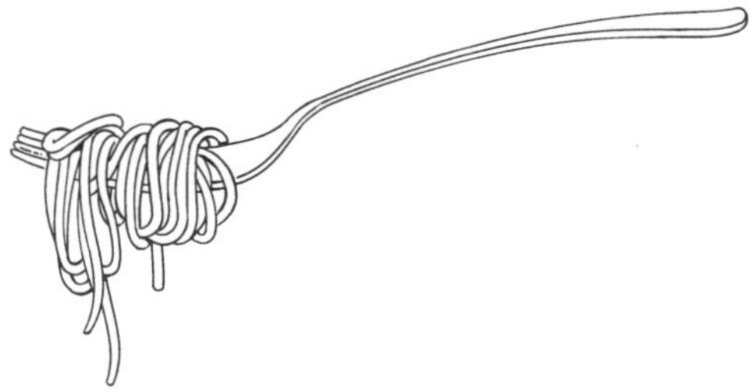

ÍNDICE DAS RECEITAS